정의와 공정

우리 조국, 대한민국에 '정의롭고 투명 · 공정하고 지속가능한
미래 사회'의 새 지평을 열어 주기 바라며

'정의와 공정의 가치' 확립하여 나라를 반듯하게

미래세대 청소년 여러분, 여러분이 갖춰야 할 중요한 덕목은 올바른 인성과 창의력입니다. 기업이 신입사원 채용 시 인성을 가장 중요시하는 여러 조사 결과가 있으며 이는 세계적인 추세입니다. 또 교과서적 지식만을 가진 사람보다 창의력까지 가진 사람을 더 필요로 합니다. - 1장 2 · 3 · 4항 참조바람

여러분은 장차 사회에 첫발을 내딛는 순간부터 올바른 인성을 바탕으로 정의[1]와 공정[2]의 가치를 인식하고 사회경력이 쌓여 갈수록 이들의 가치를 체질화하여 국가와 사회발전에 기여해야 할 것입니다. 이는 국토가 협소하고 천연자원이 절대 부족하여 국가경쟁력이 원천적으로 취약한 우리나라엔 **국가의 명운이 걸린 문제**입니다. 이러한 점

---

[1] 정의(正義) : 진리에 맞는 올바른 도리, 바른 의의(意義), 개인 간의 올바른 도리 또는 사회를 구성하고 유지하는 공정한 도리. 머리말 뒤 P16 '알고가기'의 「정의'에 관한 예문」을 읽게 되면 '정의'의 개념 및 의미가 더욱 명확해질 것입니다.

[2] 공정(公正) : 공평하고 올바름. 머리말 뒤 P16 '알고가기'의 「공정'에 관한 예문」을 읽게 되면 '공정'의 개념 및 의미가 더욱 명확해질 것입니다.

에 착안하여 우리 **'더 반듯하계회'**[3]에서 이 책을 펴냈습니다.

1. 지능적 사고 교육이 중요하지만 정서적 감성 교육도 중요합니다

뉴욕 중심가에 걸인이 "나는 앞을 볼 수 없습니다."라고 쓴 팻말 앞에 동전 통을 놓고 앉아서 행인들이 동전을 넣어주기를 기다렸습니다. 그러나 동전 통이 거의 빈 채로 있었습니다.

그런데 어느 행인이 "봄이 왔습니다. 그러나 나는 봄을 볼 수도 느낄 수도 없습니다."라고 써서 바꿔 놓아주었습니다. 동전 통은 곧 가득 채워졌습니다. '모든 일에는 조금이라도 감성이 들어가야 한다'는 의미가 되겠습니다. 누구에게든 지능적 사고를 키우는 교육이 중요하지만 이에 못지않게 정서적 감성을 키우는 교육도 중요합니다.

이 책은 청소년들의 인성함양에, 사고력과 이해력을 기르는 데, 지식과 지혜를 얻고 시야를 넓히는 데, 창의력 개발에 도움이 될 것입니다. 학부모님과 기성세대도 읽을 만한 가치가 있는 책이라고 생각합니다. 여러분의 정서에 작은 도움이라도 되기를 기대합니다.

책의 내용을 네 개의 장으로 구분하였습니다.

---

3 더 반듯하계회 : 부산중 · 고등학교 재경동창회 회원들 중 미래세대 청소년들
   에게 관심을 가진 회원들 모임.

1장 〈**훌륭한 인성 닮고 싶어요**〉에서는 인성에 관련된 다양한 내용으로 구성하였습니다. 이 머리말 뒤의 '알고가기'에서는 「**정의'에 관한 예문**」과 「**공정'에 관한 예문**」을, 알고가기 뒤 P20부터는 '더 반듯하게 회'에서 만든 새로운 개념의 「**청소년 생활지침**」을 실었습니다. 「'정의'에 관한 예문」과 「'공정'에 관한 예문」을 읽게 되면 이에 대한 개념이나 의미가 더욱 명확해질 것이며, 「청소년 생활지침」을 실천하게 되면 긍정적인 마인드, 미래지향적인 가치관, 용기와 자신감이 생기고 학습 능률도 올라갈 것입니다.

2. 올바른 인성·믿음·윤리·도덕·관습·법 등은 '정의와 공정'의 본질

1장의 내용들은 '정의와 공정'의 본질을 구성하는 중요한 요소라 하겠습니다. 이를 배우고 익히면 인성함양은 물론 사고력과 이해력을 기르는 데, 지식과 지혜를 얻고 시야를 넓히는 데 도움이 될 것입니다.

우리 인간의 사회생활에는 '정의와 공정'의 본질을 바탕으로 원활한 인간관계 및 질서가 유지되고 있습니다. 이러한 가운데 인간의 삶에 필요한 다양한 형태로 생성된 결과물이 2·3·4장이라고 하겠습니다. 따라서 1·2·3·4장은 서로 유기적인 관계가 있으며 '정의와 공정' 본질의 순도가 높을수록 2·3·4장 결과물의 품격과 가치가 더욱 높아질 것입니다.

따라서 우리 인간들이 인간답게 살기 위해서는 '**정의와 공정의 가치**' 확립이 대단히 중요합니다.

"정의는 올바른 일을, 올바른 방법으로, 올바른 이유를 위해 하는 것이다!"라고 뉴욕남부지방검찰청 검사장으로 봉직했던 프릿 바라라는 그의 저서《정의는 어떻게 실현되는가》에 기술하였습니다. 옮긴이는 사회정의와 공정함의 실천에 관한 고뇌를 담은 내용이라고 적었습니다. 프릿 바라라는 2012년 미국 타임지 '세계에서 가장 영향력 있는 100인'에 선정된 인물입니다.

3. 4차 산업혁명 시대 우리나라 최고의 신성장 동력은?

우리 사회에 정의와 공정의 가치를 바로 세우고 청소년들의 인성함양 및 창의력 개발을 위한 환경을 조성하는 일은 오늘날의 글로벌 시대 및 4차 산업혁명 시대 우리나라 최고의 신성장 동력입니다.

청소년들의 창의력 개발을 바탕으로 인적자원 육성, 첨단 과학기술 및 고급 문화상품을 개발해야 할 것입니다. 그래서 2장 제목을 〈**창의력 · 4차 산업혁명의 히든챔피언**〉이라고 정했습니다.

3장은 〈**세계를 무대로! 무대를 품 안에!**〉라고 제목을 붙였습니다. 〈**세계를 무대로! 무대를 품 안에!**〉라는 굳은 신념에 국제감각까지 겸비한 수출역군들이 배출되어 지구촌 곳곳을 누비며 해외시장을 개척하고 수출시장 다변화로 수출을 증대시켜야 한다는 뜻을 가진 제목입니다. 특히 기술개발 · 기술혁신을 통해 부가가치 높은 상품 및 서비스, 문화상품을 생산 · 수출해야 할 것입니다.

4. 수출로 먹고사는 대한민국, 수출은 우리 민족 생존의 길이요 국력입니다

위의 대명제는 이념과 체제를 초월하여 지구촌의 절대 다수 국가들이 가장 우선적으로 지향하는 국가정책일 것입니다.

우리나라는 특히 수출의 경우 종전엔 현지 고객들과의 직접 상담을 통해 성과를 배가하기 위해 수출역군들이 직접 발로 뛰며 지구촌 곳곳을 누볐으나 코로나19와 같은 역병이 창궐할 경우엔 화상회의, e-mail, SNS 등 언택트 수단을 적극 활용해서 수출을 촉진해야 할 것입니다.

4장 〈한계를 극복한 인간승리의 주인공들〉에서는 각고의 노력과 불굴의 도전 정신으로 온갖 장애와 한계를 극복하고 영광을 이루어 낸 그 주인공들을 찾아보았습니다.

5. 원천적으로 취약한 국가경쟁력 보완책은 '정의와 공정의 가치' 확립

오늘날 4차 산업혁명의 치열한 국제경쟁에서 우리나라가 낙오되지 않기 위해서는 국가경쟁력의 원천적인 취약점을 보완해야 합니다. 그 보완책은 바로 '정의와 공정의 가치' 확립입니다. 이는 각종 사회적 갈등과 모순, 비리 및 부조리를 차단함으로써 사회 각 부문의 효율성을 높이고 산업 전반의 생산성을 높이게 됩니다.

정의와 공정

이러한 일련의 과정을 거쳐 국가경쟁력이 강화되고 국민통합 · 국가 발전으로 이어집니다.

6. 우리는 여러 가지 악조건을 극복하고 한강의 기적을 이루어낸 민족

협소한 국토, 천연자원 절대 부족, 남북분단 및 대치 상태, 지정학적 리스크, 조선 말기를 방불케 하는 오늘날 우리 한반도를 둘러싼 강대국들 간의 이해 대립. 이들 다섯 가지는 지구상에서 우리나라에만 유일한 국가발전 저해요인들입니다. 우리는 이를 '**고착화된 국가발전 저해요인들**'이라고 정의합니다. 게다가 국토가 협소하고 천연자원 절대 부족에 따른 '**국가경쟁력의 원천적인 취약점**'까지 안고 있습니다.

반면에 과학적인 문자와 독자적인 문화, 민족주체성 등 **3대 문화적 자산**에 우리 민족 고유의 저력과 정신력, 위기 대처능력 등 **3대 정신적 자산**을 지니고 있습니다.

전자의 여섯 가지나 되는 많은 악조건에도 불구하고 우리의 문화적 · 정신적 위대한 자산을 유감없이 발휘하여 우리나라 근현대사의 민족적 수난과 시련을 슬기롭게 극복하고 **한강의 기적**을 이룩하였습니다.

7. 어떠한 도전도 극복하고 더 높은 단계로 승화할 수 있습니다

청소년 여러분! 위의 문화적 · 정신적 자산의 유전자가 여러분의 몸과 마음속에 잠재되어 있습니다. 여러분은 장차 그 어떠한 도전과 시련에 직면하더라도 문화적·정신적 자산을 발휘하게 되면 이를 극복하고 보다 성숙되고 더 높은 단계로 승화할 수 있습니다.

일례로 지난날 우리 민족은 일제강점기 35년간 혹독한 시련을 겪었습니다. 1965년 한일청구권 협정 체결 당시 우리나라 1인당 GDP(국내총생산)[4]는 108달러, 일본은 900달러로 그 격차가 무려 9배 정도나 되었습니다. 그러나 2020년 우리의 1인당 GDP는 30,600여 달러로 39,000여 달러인 일본과의 격차를 현저하게 줄였습니다.

민족주체성 또는 정신적 자산이 결여된 민족은 점차 쇠락하거나 역사 속으로 소리 없이 사라지는 사례를 인류 역사에서 찾을 수 있습니다.

지난날의 토번(티베트)은 당나라도 두려워하던 강성대국이었습니다. 당시 당 태종은 토번과의 화친을 목적으로 문성공주를 토번을 통일한 군주 송찬간포의 왕비로 시집보냈습니다. 역사는 흘러 1949년 중국을 통일한 중국 공산정권은 티베트를 침공하여 1951년 강제로 병합했습니다. 이젠 중국의 각종 정책으로 티베트가 중국화가 되어가고 있습니다.

---

4 GDP(Gross Domestic Product·국내총생산) : 한 나라의 영역 내에서 가계, 기업, 정부 등 모든 경제 주체가 일정 기간 동안 생산활동에 참여하여 창출한 부가가치 또는 최종 생산물을 시장가격으로 평가한 합계.

정의와 공정

400여 년 전 인구 50만 정도에 불과했던 여진족(만주족)의 누르하치가 세운 청나라는 무려 1억 5천여만 명의 한족(漢族)을 중국 왕조 역사상 최장 기간인 296년간 통치하면서 가장 강력한 세계적인 대제국을 건설했습니다. 당시 GNP(국민총생산)[5]는 전 세계의 약 30%를 산출했습니다.

한족이 세운 명나라 시대에는 400만㎢에 불과하던 강역(疆域)이 청나라 시대엔 몽골 · 위구르 · 티베트 · 대만 등 주변국을 무차별 정복하여 한때는 1,300만㎢까지 이르렀습니다. 그 이후 현재의 960만㎢로 줄어들긴 했으나 그래도 명나라 시대에 비하면 강역이 무려 1.5배 가까이 확장된 셈입니다. 그 만주족이 오늘날엔 중국의 변방 만주지역에서 인구 1천만 정도에 불과한 소수민족으로 생존하고 있습니다.

8. '과학기술 패권을 가진 나라가 오늘날의 세계를 지배할 수 있다'고 말합니다

고대 로마제국은 BC 2~3세기경 포에니 전쟁에서의 승리로 세계의 패권을 장악하였습니다. 그 당시에는 로마제국이 과학기술 패권으로 세계의 패권국가가 된 것은 아닙니다. 그러나 1880~1890년대 영국은 산업혁명의 결과로 전 세계 영토의 4분의 1, 전 세계 인구의 5분의

---

5   GNP(Gross National Product · 국민총생산) : 일정 기간 동안 한 나라의 국민이 국내외에서 새롭게 생산한 재화와 용역의 부가 가치 또는 최종재의 값을 화폐 단위로 합산한 것.

1을 식민지화하여 5대양 6대주에 '해가 지지 않는 나라'라는 대제국을 건설하여 패권국가가 되었습니다.

지금 세계 여러 나라는 4차 산업혁명에 의한 혁신적인 변화 추구, 지구촌 환경개선, 첨단무기 개발 경쟁 등에서부터 우주 경쟁에 이르기까지 과학기술 패권주의를 지향하는 경쟁을 가속화하고 있습니다.

청소년 여러분 중에서 장차 우리나라의 과학기술 분야에 진출해서 국가와 사회 발전에 기여하게 되면 이는 부국강병으로 가는 길이요 국제 사회에 우리나라의 위상을 드높이는 결과가 될 것입니다.

우리 '더 반듯하게회'가 장차 우리나라의 주역이 될 청소년 여러분에게 정의와 공정의 가치, 올바른 인성 및 창의력 등을 인식시켜 여러분이 올바르게 성장하는 데 조금이라도 도움을 주고자 하는 마음에서 이 책을 만들 구상을 하게 되었습니다.

9. 지구촌의 후발국들, 그들은 우리를 추월할 수도 있습니다

지금 우리 한반도를 둘러싼 국제정세 · 이념분쟁 · 경제위기 · 잠재성장력의 하락 등은 가히 퍼펙트 스톰(Perfect Storm)[6]이라 해도 지나치

6　퍼펙트 스톰(Perfect Storm) : 두 가지 이상의 악재가 동시에 발생하여 경제위기가 초래되는 상황을 일컫는 말. 원래는 둘 이상의 태풍이 충돌하여 그 영향력이 더욱 커지는 기후현상을 나타내는 말.

지 않을 정도입니다.

지구촌의 후발국들. 그들은 넓은 국토, 풍부한 천연자원, 성장잠재력, 후발국의 이점 등 우리보다 우월한 여러 조건을 잘 발휘한다면 언젠가는 우리를 추월할 수도 있습니다.

새마을운동중앙연수원에는 지난날 우리 고도성장의 노하우를 습득하기 위해 세계 각국에서 찾아온 연수생들이 가득합니다. 그들이 우리의 노하우를 열심히 배우고 돌아가서 저력과 정신력을 발휘한다면 또한 우리를 추월할 수도 있습니다.

우리나라가 패스트 팔로워(Fast Follower)[7]에 머물러서는 안 됩니다. 후발자의 추월을 허용치 않고 우월적 지위를 견지해 가는 퍼스트 무버(First Mover)[8]가 되어야 합니다.

10. 전 국민이 '정의와 공정의 가치' 확립하여 나라를 반듯하게

청소년 여러분, 한 가지 꼭 유념해야 할 사항이 있습니다. 지속적인

---

7 패스트 팔로워(Fast Follower) : 빠른 추격자, 빠른 추종자. 새로운 제품이나 기술을 빠르게 쫓아가는 전략 또는 기업을 의미함.

8 퍼스트 무버(First Mover) : 새로운 분야를 개척하는 선도자. 패스트 팔로워(Fast Follower)와 달리 산업의 변화를 주도하고 새로운 분야를 개척하는 창의적인 선도자를 말함.

국가발전을 위해서는 과학기술 발전에 몰입해야 하겠지만 그렇다고 정신세계를 간과해서는 안 될 것입니다.

지금 우리 사회에 만연한 도덕 불감증, 각종 비리는 지난날 고도성장에 따른 물질문명과 정신문화와의 괴리에 오늘날의 사회적 갈등 및 혼란이 가중되어 빚어진 국가발전 저해요인들입니다.

앞으로는 우리 국민 모두가 개인적인 친소관계 · 지연 · 학연 · 혈연을 배제하고 올바른 인성, 능력과 노력으로 평가 받는 사회 풍토를 조성함으로써 정의와 공정의 가치를 확립하여 나라를 반듯하게 세워야 오늘날의 치열한 국제경쟁에서 낙오되지 않습니다.

11. '정의와 공정의 가치' 훼손은 국민통합 · 국가발전 역행 행위

정의와 공정의 가치를 훼손하는 행위는 사회적 갈등과 혼란을 야기하여 국민통합 · 국가발전을 역행시키는 행위입니다. 일부 기성세대의 **'내로남불'**은 이를 역행시키는 대표적인 행위입니다.

정의와 공정의 가치를 무분별하게 훼손하는 행위는 국토가 협소하고 천연자원이 절대 부족하여 국가경쟁력이 원천적으로 취약한데다 '고착화된 국가발전 저해요인들'까지 안고 살아가는 우리 조국과 민족

---

9 내로남불 : '내가 하면 로맨스, 남이 하면 불륜'이라는 뜻으로, 남이 할 때는 비난하던 행위를 자신이 할 때는 합리화하는 태도를 이르는 말.

정의와 공정

에 대한 **배신행위**입니다. 우리 '더 반듯하게회'에서는 내로남불 · 부정부패 · 지역감정 등 이 세 가지를 **'3대 망국병'**이라고 정의합니다. 전 국민이 힘과 지혜를 모아 이를 추방해야 합니다.

12. 반복 학습을 통해 좋은 점을 닮아가고 학습능률도 향상됩니다

청소년 여러분은 장차 사회에 진출하게 되면 일부 기성세대의 '3대 망국병'을 답습해서는 안 됩니다. 그러기 위해선 이 머리말 뒤 알고가기의 「'정의'에 관한 예문」과 「'공정'에 관한 예문」을, 그리고 〈알고가기〉 뒤의 「청소년 생활지침」을 숙독하고 실천해야 할 것입니다.

무슨 일이든지 노력 없이 또 갑자기 이루어지는 일은 없습니다. 꾸준한 반복 학습을 통해 점점 익숙해지고 좋은 점을 닮아가고 학습능률 · 학업성적도 향상됩니다. **"반복 학습이 기적을 만든다"**라는 말도 있습니다.

13. 관심 있는 내용은 음미하면서 몇 번이라도 읽어 봐야

이 책을 여러분 가까이에 두고 수시로 펼쳐 보십시오. 조금이라도 관심이 있는 내용, 궁금한 내용은 음미하면서 몇 번이라도 읽어 보십시오. 틀림없이 얻는 게 있을 것입니다. 끈질긴 집념과 인내가 필요한 순간입니다.

이 책 전편에 소개된 많은 분들의 선행과 미담, 지식 및 지혜, 인간

승리의 값진 경험과 행적 등이 미래를 열어 갈 청소년 여러분에게 인격형성의 모태가 되고, 새로운 시각을 제시하고, 아이디어 내지 동기부여로, 문제 해결의 실마리 또는 영감으로 떠오르거나, 새로운 변화와 발전의 계기가 될 것으로 확신합니다.

청소년 여러분을 위해 기사·논설·칼럼·기고문 등의 유용한 자료와 정보를 이 책에 무상으로 싣도록 용단을 내려 준 조선일보·한국경제를 비롯한 여러 언론사[10] 및 관계자분들께 깊은 감사와 경의를 표합니다. 또한 여러분에게 도움이 될 좋은 기사를 취재해 주신 기자분들께도 감사드립니다.

김형석 연세대 명예교수님, 오은영 정신건강의학과 전문의 소아청소년클리닉 원장님, 이완 잡플랫 대표님께도 감사의 말씀을 드립니다.

이젠 인생 황혼의 실버세대인 우리는 오로지 우리 조국 대한민국과 미래세대인 청소년 여러분을 사랑하는 일념에서 이 일을 시작했으며 수익금이 발생한다면 여러분을 위해 사용할 것입니다.

---

10 경향신문, 국민일보, 국제신문, 독서신문, 동아일보, 문화일보, 부산일보, 서울신문, 스포츠조선, 아시아경제, 조선비즈, 조선일보, 중앙일보, 한겨레, 한국경제, 한국일보 (가나다순)

정의와 공정

14. 지속가능한 미래 사회의 새 지평을 열어 주기 바랍니다

사랑하는 미래세대 청소년 여러분! 무궁한 세월을 살아가야 할 위대한 유산인 이 땅에, 여러분이 다 함께 힘과 지혜를 모아 수출 강국의 위상과 반듯한 나라의 기틀을 보다 확고히 해주기 바랍니다.

우리 조국, 대한민국에 **'정의롭고 투명 · 공정하고 지속가능한 미래 사회'**의 새 지평을 열어 주기 바라며, 나아가서는 이 지구촌의 인류에게도 기여할 수 있는 **글로벌 인재**로 성장해 주기를 기대합니다.

감사합니다.

엮은이 일동

◆ 알고가기

청소년 여러분이 '정의'와 '공정'이란 단어를 보다 빨리 이해하도록 '알고가기'란을 만들었습니다. 이 책의 핵심인 '정의'와 '공정'이란 단어의 뜻풀이와 더불어 「**'정의'에 관한 예문**」과 「**'공정'에 관한 예문**」 각각 15개 항목을 수록하였습니다.

'정의에 관한 예문'
　－ Naver 및 Daum 어학사전에서 발췌하였습니다.

'정의'의 사전적 의미는 '진리에 맞는 올바른 도리, 바른 의의(意義), 개인 간의 올바른 도리 또는 사회를 구성하고 유지하는 공정한 도리'입니다. 다음의 예문들을 읽게 되면 '정의'의 개념 및 의미가 더욱 명확해질 것입니다.

1. **정의**로운 삶, 이것이 우리가 추구하는 삶이다.
2. 사람에게는 올바른 도덕적 판단력과 **정의**감이 있어야 한다.
3. 올바른 민주 국가를 만들기 위해서는 우선 국민들이 **정의**로운 의식 구조를 가져야 한다.
4. 선생님께서는 학생들에게 **정의**롭게 살아야 한다고 강조하시곤

한다.

5. 내 아들아 불의를 보면 참지 말고 **정의** 앞에 용감한 사람이 되어라.

6. 사회 **정의**를 외면한 기회주의는 건전한 발전을 옭아매는 줄일 뿐이다.

7. 사회 **정의**를 실천하는 데 있어 언론의 책임이 매우 막중하다.

8. 변호사는 기본적 인권을 옹호하고 사회 **정의**를 실현함을 사명으로 한다.

9. 그들은 **정의**와 명예가 무엇인지 아는 검사들이었다.

10. 법은 사회의 **정의**를 구현하는 데 그 목적을 두고 있다.

11. 사법 **정의**의 핵심은 공정하고 공평한 법의 집행에 있다.

12. 김 판사는 **정의**에 대한 신념과 실무 능력을 겸비하여 공정한 판결을 내릴 것이다.

13. 시시비비를 가려 **정의**를 실천하기 때문에 정의의 사도로서 백성들의 존경을 받았다.

14. 밝고 **정의**로운 사회의 선도자 역할을 해야 할 사람은 바로 젊은이다.

15. 인간은 끊임없는 노력을 통해 사회를 더 합리적이고 **정의**롭게 만들어 왔다.

'공정'에 관한 예문

– Naver 및 Daum 어학사전에서 발췌하였습니다.

'공정'의 사전적 의미는 '공평하고 올바름'입니다. 다음의 예문들을 읽게 되면 '공정'의 개념 및 의미가 더욱 명확해질 것입니다.

1. 사사로운 인연에 얽매이지 말고 **공정**하게 일을 처리해야 한다.
2. 한쪽의 의견만 듣고 반대쪽의 의견을 무시하면 **공정**한 판단을 내릴 수 없다.
3. 인사 제도의 핵심은 학벌에 관계없이 **공정**한 경쟁을 통해 인력을 발탁하는 것이다.
4. **공정**한 인사 평가를 하기 위해 우선 객관적인 평가 기준이 있어야 한다.
5. 사적인 감정에 얽매여 편단해서는 **공정**한 결과를 얻을 수 없다.
6. 김 교수는 뇌물을 물리치고 **공정**하게 논문을 심사하였다.
7. 선수들은 규칙을 준수하고 **공정**한 경기를 하겠다고 선서했다.
8. 주최 측은 시험 답안을 **공정**하게 처리하기 위해 수험 번호를 암호화하여 채점했다.
9. 민족의 독립을 위해 피 흘린 모든 사람들의 공은 **공정**하게 평가되어야 한다.
10. 기자는 사실을 정확하게 보도하기 위해 **공정**하고 객관적인 시각을 가져야 한다.

정의와 공정

11. 비리 공무원에 대해서는 엄정하고 **공정**한 법집행이 이루어져야 할 것이다.
12. **공정**한 선거를 방해하는 지역감정은 하루빨리 불식되어야 할 것이다.
13. 검찰의 독립성과 중립성이 보장되어야 **공정**한 수사를 기대할 수 있을 것이다.
14. **공정**한 판결을 내리기 위해서는 사적인 감정을 철저히 배제해야 한다.
15. 법관은 법과 양심에 따라 자신의 판결에 최대한 **공정**을 기해야 한다.

◆ 청소년 생활지침

 사랑하는 청소년 여러분! "청소년기는 인격을 형성하는 데 매우 중요한 시기다"라는 말이 있습니다. 다음의 **청소년 생활지침**을 권장합니다. 이를 실천하면 긍정적인 마인드와 미래지향적인 가치관, 용기 및 자신감이 생기고 학습능률도 올라갈 것입니다.

 1. 어려운 친구들과 다 함께 동행 · 상생합시다.

 결손가정, 소년소녀가정, 다문화가정처럼 어렵고 외로운 친구들, 어쩌다 잠시 일탈한 친구들을 외면하거나 왕따시키지 말고 먼저 다가가 따뜻한 마음을 베풀어야 하겠지요?

 그 친구들은 여러분의 따뜻한 마음으로 용기를 얻어 열심히 살아가면서 여러분을 고맙게 생각할 것입니다. 여러분의 선행은 **세상을 밝히는 동행 · 상생**입니다.

 2. 친구가 다가와 따뜻한 마음을 베풀 때 본연의 자세로 돌아갑시다.

 내가 어쩌다 일탈한 경우 친구가 다가와 따뜻한 마음을 베풀 때 **고마운 마음으로 받아들여** 속히 본연의 자세로 돌아가야 하겠지요? 이렇게 좋은 기회, 좋은 친구는 좀처럼 만나기 어렵습니다.

정의와 공정

3. 더 친한 사람을 두둔하는 편견·편파적 태도는 금물입니다.

친구나 지인이 다툴 때 냉철하고 중립적인 자세로 양측의 갈등을 조정해야 합니다. 여러분과 더 친한 사람을 두둔하는 편견·편파적 태도는 금물입니다. 이는 갈등과 반목을 조정하기는 고사하고 오히려 증폭시킴으로써 당하는 사람은 여러분한테 분노와 배신감을 느끼고 상처를 받게 됩니다.

편견·편파적 태도는 이 책에서 추구하는 '정의와 공정'에 정면으로 배치되는 행위입니다. 양측을 잘 타이르고 설득해서 화해시키는 일이 올바른 도리입니다.

4. 진정한 의리란?

여러분과 더 친한 사람을 두둔해서 그의 상대를 제압한다면 어떤 사람들은 여러분을 "의리가 있다"고 말합니다. 그러나 이러한 판단은 '의리'란 참뜻을 크게 곡해한 것으로 청산되어야 합니다. 더 친한 사람을 두둔할 경우 그의 가치판단이 흐려지거나 교만해질 수 있고 잘못된 길로 빠져들 수도 있을 것입니다.

모든 일은 개인적인 친소관계·지연·학연·혈연을 배제하여 객관적이고 중립적인 자세로 양자의 관계를 조정해야 억울한 사람이 생기지 않고 '정의와 공정의 가치'가 실현되는 것입니다.

잘못한 친구나 지인을 진정으로 위한다면 이들에게 잘잘못을 가리고 설득해서 잘못을 깨우쳐 주어야 할 것입니다. **이런 게 바로 진정한 의리**일 것입니다.

5. 역사책 · 역사 관련 서적 · 위인전을 읽읍시다.

사고력과 이해력, 통찰력 및 상상력, **높은 식견과 혜안**을 갖게 됩니다.

6. 호신술이나 운동 한 가지쯤 익혀 둡시다.

집중력, 자신감과 침착성, 도덕성 및 정의감 등 **정신력 강화에 도움**이 됩니다.

7. 글로벌 시대에 영어 하나만이라도 능통하게

글로벌 시대, 4차 산업혁명 시대가 가속화되고 있으므로 영어 하나만이라도 능통하게, 또 몇 개국의 역사 · 문화 등을 익혀 두기 바랍니다. **불시에 절실하게 필요한 경우가 생길 것입니다.**

8. 충실한 학교생활은 여러분 평생의 가장 중요한 무형자산입니다.

학교생활을 통해 스승님한테서 배우고 좋은 친구들을 사귀는 일은 여러분이 올바르게 성장하고 성인이 되어 사회생활을 하는 데 매우 중요한 무형자산입니다. **학교 성적의 우열에 관계없이 학교생활에 충실해야** 합니다.

9. 적성 · 재능 · 소질을 살립시다. 지금은 다양화 시대입니다.

학업 성적은 다소 부진하더라도 적성 · 재능 · 소질 중 한 가지라도 자신감이 있다고 생각할 경우, 우선 스승님과 상의해 보는 것이 좋은 방법일 것입니다. 요즘 시대엔 여러분에게 **잠재되어 있는 사고력 · 상상력 · 창의력 등을 일깨워** 커다란 가치를 창출해 낼 수도 있는 다양화 시대이기 때문입니다. 개개인마다 학교 성적 · 적성 · 재능 · 소질에 차이가 날 수 있습니다.

10. 진로 선택 또는 직업 선택 시 참고사항

하버드대학교 하워드 가드너(Howard Gardner, 1943~) 교육심리학 교수가 제창한 바에 의하면 인간은 누구나 다음의 8개 지능 중 3개 분야에서 우수성을 지니고 있다고 합니다. 이 3개 지능 분야에서 직업을 갖는다면 누구나 행복하고 성공한 인생을 살 수 있다는 주장입니다.

지금까지는 IQ(지능지수)에서 EQ(감성지수)로, EQ에서 SQ(사회성지수)로 인간의 우수성을 비교하였지만 이제는 누구나 공히 3개 지능에서 우수성을 나타낼 수 있다고 합니다. 이러한 이론이 이제는 널리 받아들여지고 있으므로 **자기의 우수한 분야를 찾아 그 길로 매진하기를** 권장합니다.

이상의 8개 지능은 다음과 같습니다.

1) 언어지능 2) 음악지능 3) 논리·수학지능 4) 공간지능 5) 신체·운동지능 6) 인간친화지능 7) 자기성찰지능 8) 자연친화지능

11. 고민이 있을 경우 스승님께 털어놓고 얘기합시다.

어려운 일이나 고민이 있을 경우 학교 스승님께 털어놓고 얘기하면 **제자를 도와주시려고 최선을 다하실 것**입니다.

12. 자기개발을 위해 부단히 노력합시다.

모든 일은 자기개발·반복 학습을 통해 익숙해지고 좋은 점을 닮아가고 학습능률·학업성적도 향상됩니다. "반복 학습이 기적을 만든다"라는 말이 있습니다. **좌절하거나 포기하지 않고 자기개발을 위해 부단히 노력**하면 좋은 결과가 있을 것입니다.

13. 입은 은혜를 저버려서는 안 됩니다.

"은혜를 저버린 사람은 다른 사람한테서 버림받는다." "배신한 자는 또다시 배신할 가능성이 크다."라는 말이 있습니다. 비인간적 행위에 대한 경종입니다. **참회하고 용서를 빌어야 할 것**입니다.

은혜를 입은 사람들은 고마움을 잊지 않고 이에 보답하고 싶은 마음을 가지고 있다 합니다. 이러한 올바른 마음가짐은 인간으로서 지켜야 할 최소한의 도리입니다.

| 차 례 |

1장 | 훌륭한 인성 닮고 싶어요

2장 | 창의력·4차 산업혁명의 히든챔피언

3장 | 세계를 무대로! 무대를 품 안에!

4장 | 한계를 극복한 인간승리의 주인공들

"청소년기는 인격을 형성하는 데 매우 중요한 시기다." "올바른 인격을 형성하기 위해서는 좋은 책을 많이 읽는 것이 좋다."라는 말이 있습니다.

이 책에서는 청소년 여러분의 인성함양에, 사고력과 이해력을 기르는 데, 지식과 지혜를 얻고 시야를 넓히는 데 도움이 될 만한 다양한 내용의 실제 사례 위주로 이 1장을 만들었습니다.

이 책을 여러분 가까이에 두고 수시로 펼쳐 보십시오. 조금이라도 관심이 있는 내용, 궁금한 내용은 음미하면서 몇 번이라도 읽어 보십시오. 틀림없이 얻는 게 있을 것입니다. 끈질긴 집념과 인내가 필요한 순간입니다.

무슨 일이든지 노력 없이 또 갑자기 이루어지는 일은 없습니다. 꾸준한 반복 학습을 통해 점점 익숙해지고 좋은 점을 닮아가고 학습능률·학업성적도 향상됩니다. **"반복 학습이 기적을 만든다"**라는 말도 있습니다.

이 책 전편에 소개된 많은 분들의 선행과 미담, 지식 및 지혜, 인간승리의 값진 경험과 행적 등이 미래를 열어 갈 청소년 여러분에게 인격형성의 모태가 되고, 새로운 시각을 제시하고, 아이디어 내지 동기부여로, 문제 해결의 실마리 또는 영감으로 떠오르거나, 새로운 변화와 발전의 계기가 될 것으로 확신합니다.

「'정의'에 관한 예문」과 「'공정'에 관한 예문」 및 「청소년 생활지침」도 잘 읽고 최대한 실천해 보십시오. 틀림없이 여러분의 품격을 높이게 될 것입니다.

1장

훌륭한 인성 닮고 싶어요

네티즌 울린 편의점 천사…
"돈없는 아들에 여학생이 햇반·참치캔 사줘"

조선일보 김은경 기자 2021.03.01.

"오늘 편의점에서 저희 작은아들 먹을 것을 사주신 여학생을 찾습니다."

지난 28일 한 지역 커뮤니티 페이스북에 편의점에서 자신의 아들에게 온정을 베푼 여학생을 찾는다는 사연이 올라왔다.

글 하나 올려주시면 감사하겠습니다 하남으로 이사온지 이제 막 두달 된 아들들 엄마입니다 남편과 사별하고 작은아이 친구들의 가난하다는 이유에 잦은따돌림 때문에 남편 고향으로 이사왔습니다 큰아들이 이곳에 글을 올리면 사람을 찾을수있을것 이라고 말하여 페이스북을 가입하고 메세지를 남깁니다 오늘 신장1동주민센터 내려가는 씨유 편의점에서 저희 작은아들 먹을것을 사주신 여학생분 찾습니다 어느순간 빚더미에 떠안고 하루를벌고 하루를사는 아줌마입니다 저희 작은아들은 제가 하루버는 돈에 비해 먹고싶은것이 많은 어린아이입니다 오늘 컵밥.참치캔여러개 샀는데 잔액이 부족했고 물건을 빼도 잔액이 부족했답니다 참으로 미안한일이지요 그런데 여학생분이 대신 계산을해주신다며 햇반여러개와 참치캔여러개 즉석카레 짜장 과자등 추가결제를 해주신것 같은데 퇴근하고보니 양이 많아 대략 5만원 넘는금액인것 같습니다 그리고 매주 토요일 1시마다 편의점에서 만나기로하고 먹고싶은것을 적어오라고 했답니다 제가 들은 이야기는 이거뿐이라 그여학생을 찾을수있을지 모르겠습니다 그저 감사하다는 말씀과 월급이 나오면 돈을 갚고싶어 연락을드립니다 꼭 본인연락 기다리겠습니다 정말 감사합니다

👍❤️😢 3.1천   댓글 780개 공유 70회

👍 좋아요   💬 댓글 달기   ↪ 공유하기

페이스북

두 아들의 어머니라고 밝힌 글쓴이 A씨는 "남편과 사별하고, 작은 아이가 가난하다는 이유로 잦은 따돌림을 당해 남편 고향인 경기도 하남으로 이사를 왔다"고 했다. A씨는 "(저는) 빚더미를 떠안고 하루 벌고 하루 사는 아줌마"라며 "작은아들은 제가 하루 버는 돈에 비해 먹고 싶은 것이 많은 어린아이"라고 했다.

그는 "작은아들이 오늘 편의점에서 밥과 참치캔을 여러 개 샀는데 잔액이 부족했고, 물건을 뺐는데도 돈이 부족했다고 한다"고 했다. 이어 "그런데 한 여학생이 대신 계산을 해주겠다며 즉석밥 여러 개와 참치캔, 즉석 카레와 짜장, 과자 등을 (가지고 와) 결제를 해줬다"며 "퇴근하고 보니 양이 많아 대략 5만원 넘는 금액인 것 같다"고 했다.

또 "(여학생이 아들에게) 매주 토요일 1시에 편의점에서 만나기로 하고 먹고 싶은 것을 적어오라고 했다고 한다"며 "월급이 나오면 돈을 갚고 싶어 연락을 드린다"고 했다.

A씨는 "제가 들은 이야기는 이것뿐이라 여학생을 찾을 수 있을지 모르겠다"며 "그저 감사하다는 말씀을 드리고 싶다. 꼭 본인 연락 기다리겠다"고 했다.

따뜻한 사연에 네티즌들은 "편의점 천사가 나타났다" "마음이 너무 따뜻해지는 사연이다" "세상은 아직 살만한 것 같다" 등 반응을 보였다.

A씨 가족에게 도움을 주고 싶다는 댓글도 여럿 달렸다. 한 페이스

북 이용자는 "두 아이를 키우는 엄마로서, 조금이나마 도움을 드리고 싶다"며 연락을 기다린다고 했다.

안녕하세요. 사실 그 나이대에 먹고 싶은 음식 못 먹는 거에 대한 서러움을 잘 알기도 하고, 동생 같았기에 계산해드렸던 겁니다.혹시 어머님이나 아가나 제가 하는 행동이 동정심으로 느껴져서 상처가 될까 봐 아까부터 걱정을 많이 했어요.. 너무 예쁜 아가인데 눈치를 너무 많이 봐서 제 마음대로 아가가 쉽게 해 먹을 수 있는 것과 과자 등등 고른 건데 감사하다고 해주시니 제가 더 감사드려요...ㅜㅜ결제 금액은 안 주셔도 되고 괜찮으시다면 토요일 1시 그 편의점으로 아가 보내주시면 이웃 주민으로서 챙겨드릴 수 있는 부분은 최대한 챙겨드릴 테니 메시지 주시면 제 번호 드리겠습니다. 하남에서는 어머님과 아들분들이 상처받는 일이 없으시기를 바랍니다. 꼭 메시지 주세요 🙂🙂

좋아요 · 답글 달기 · 1일   ○○🙂 1.6천

↳ 답글 94개

페이스북

게시글이 화제가 되자, 사연 속 여학생도 댓글을 달았다. 여학생은 "그 나이대에 먹고 싶은 음식을 못 먹는 서러움을 잘 알기도 하고, 동생 같았기에 계산해준 것"이라며 "혹시 제 행동이 동정심으로 느껴져 어머니와 아이에게 상처가 될까 봐 걱정을 많이 했다"고 했다.

그는 "너무 예쁜 아이인데 눈치를 너무 많이 봐서, 제 마음대로 아이가 쉽게 먹을 수 있는 과자와 음식 등을 골랐다"며 "결제 금액은 안 주셔도 된다. 괜찮다면 토요일 1시 그 편의점으로 아이를 보내주면 이웃 주민으로서 챙겨드릴 수 있는 부분은 최대한 챙겨드리겠다"고 했다. 그러면서 "하남에서는 어머님과 아드님이 상처받는 일이 없기를 바란다"고 했다.

2

요즘은 '인성 검사'가 입사 좌우…
블라인드 채용에는 더 중요

한국경제 이완 잡플랫 대표 2020.04.06.

인성 검사 이렇게 준비하라
인터넷서 미리 테스트해 봐라
응시 전 컨디션 조절이 중요
기분 좋으면 점수 더 나와
솔직하라, 면접관에겐 보인다
평소 약점 스스로 고쳐라

'세 살 버릇이 취업을 좌우한다?'

과거에는 몰라도 요즘 취업시장에는 맞는 말이다. 기업이 인재를 뽑을 때 가장 중요하게 보는 것은 '인성'이다. 주요 기업들이 직무중심으로 채용하고 있지만, 최종 당락을 좌우하는 것은 '인성'이라고 말하는 취업 전문가들이 많다. 능력은 입사 후에도 키울 수 있지만 인성은 쉽게 변하지 않기 때문이다.

한 대기업 인사 담당자는 "인성이 좋지 않은 직원 한 명은 그 팀 전체의 효율성에 큰 영향을 미친다"며 "학점이나 역량이 뛰어나도 인성검사에서 탈락하면 입사하기 힘들다"고 말했다.

"인성검사가 이젠 채용의 핵심"

인성은 잘 변하지 않고, 조직 전체에 영향을 줄 수도 있는 만큼 기업들은 채용 과정에서 지원자의 인성을 파악하는 데 주력한다. 그래서 도입된 것이 채용 인성검사다. 한국 100대 기업을 기준으로 99개사가 채용 때 인성검사를 실시하는 것도 이 때문이다.

일반적으로 채용 인성검사는 필기시험 단계에서 적성검사(공기업은 NCS)와 함께 실시한다. 기업들은 인성검사 점수와 적성검사 점수를 합산해 필기 합격자를 선별하기보다는 대부분 인성검사를 '허들'로 활용한다. 인성검사를 통과한 지원자만 따로 추린 다음 적성검사 성적 순서로 필기시험 합격자를 선발하는 게 보통이다.

최근 공채보다는 수시 모집으로 신입사원을 채용하는 기업이 많아졌다. 공채와 달리 수시 모집에서는 적성검사를 제외하고 인성검사만 하는 경우가 많다. 상대적으로 공채보다는 수시 모집에서 인성검사가 더욱 중요하다고 할 수 있다. 적성검사 점수가 만점이 나와도 인성검사에 탈락하면 필기를 통과할 수 없기 때문이다.

공기업의 채용공고를 보면 인성검사를 적부 판단으로 활용한다는

정의와 공정

표현이 많이 등장한다. 적부 판단이라는 표현이 바로 허들식 활용을 말하는 것이다. 또 최근 주요 기업들은 인성검사 결과를 면접 때 활용하기도 한다. 특히 공기업처럼 블라인드 채용을 하는 경우 면접에서 스펙과 같은 객관적인 데이터를 볼 수 없기 때문에 인성검사를 더욱더 비중 있게 활용하고 있다.

취업 준비생으로선 인성검사 관련 정보가 많지 않아 준비하는 데 애를 먹는다. MBTI나 MMPI와 같은 잘 알려진 인성검사로 대비하는 경우도 있다. 하지만 채용 인성검사는 일반 인성검사와 다른 점이 많다. 채용 과정에서 실시하는 인성검사는 지원자가 합격하고 싶어서 보이는 '과장반응'을 선별하는 게 중요한 기능이다. 이 때문에 일반 인성검사에 없는 다양한 장치를 가지고 있다.

인성검사도 대비할 수 있을까?

인성검사는 크게 다섯 가지 단계로 준비할 수 있다. 일단 평상시에는 채용 인성검사를 미리 경험해보면 좋다. 정신병원이나 상담센터에 있는 일반적인 인성검사가 아닌 채용에서 활용하는 인성검사를 해보면 나와 맞는 기업도 대략적으로 파악할 수 있다. 최근 몇몇 사이트에서도 인성검사를 하고 있다.

시험 응시 바로 전에는 컨디션 조절이 중요하다. 다양한 심리검사 중 가장 컨디션의 영향을 많이 받는 검사가 인성검사다. 똑같은 인성검사라도 기분 좋을 때 응시하면 좀 더 좋은 점수가 나온다. 응시할 때는 솔직하게 하는 것이 중요하다. 채용 인성검사의 결과 제일 앞에 신뢰도라는 항목이 있다. 이는 검사를 얼마나 솔직하게 응시했는지를 평가하는 항목으로 과장 반응으로 응시하면 과락으로 탈락할 수 있다. 신뢰도에 문제가 있어 탈락하는 경우가 보통 인성검사 전체 탈락자 중 적게는 10%, 많게는 30%까지 차지하고 있기 때문에 솔직하게 하는 것 자체가 인성검사 합격에 중요한 요소라고 할 수 있다.

만약 자신이 지원한 기업의 필기에서 적성검사를 아주 잘 본 것 같은데 탈락한 경우는 인성검사 때문에 탈락했을 확률이 높다. 이 경우 이 기업은 자신과 잘 맞는 기업이 아닐 확률이 높다. 인성은 잘 변화하지도 않으므로 다음에는 다른 기업 중심으로 준비하는 것도 좋다.

필기 통과 시 면접 장면에서도 준비할 것이 있다. 대부분 인성검사 결과 중 낮게 나온 요인은 면접관들이 실제 어느 정도 낮은지를 다시 질문을 통해 확인하고 이를 면접 점수에 반영한다. 그러므로 인성 요인 중 자신이 약하다고 생각하는 부분은 미리 이를 만회할 수 있는 방법 등을 고민하고 면접에 임하면 좋다. 미리 모의 인성검사 테스트를 한 경우 결과지 점수 중 가장 낮게 나온 요인 중심으로 답변을 준비하는 것이 좋다.

인성검사는 공부를 한다고 성적이 오르지는 않지만 위 다섯 가지 정도만 잘 기억해도 취업 준비할 때 큰 도움이 된다.

정의와 공정

3

토론토는 류현진의 실력이 아니라 '인성'과 '유머'에 반했다

경향신문 이용균 기자 2019.12.31.

FA 류현진(33)을 둘러싼 평가는 엇갈렸다. 뛰어난 제구를 바탕으로 한 안정적 투구와 이를 통한 평균 자책 1위 기록은 장점이지만, 2015년 이후 이어진 여러 가지 크고 작은 부상은 감점 요인이었다. 토론토는 장점에 주목했고, 33세 시즌을 맞는 류현진에게 4년 8,000만 달러의 계약을 안겼다.

류현진의 '대박 계약'은 토론토가 그의 실력을 의심하지 않았다는 뜻이다. 여기에 토론토가 주목한 것은 류현진의 실력만이 아니었다. 토론토는 류현진의 인성과 유머 감각에도 높은 점수를 줬다.

ESPN의 버스터 올니는 최근 칼럼을 통해 토론토의 류현진 영입 배경을 설명했다. 올니에 따르면 토론토는 류현진 영입을 결정하는 과정에서 여러 가지 '조사'를 했다. 실력이야 여러 가지 결과들로 증명된 것이지만, 실력 뒤에 있는 '인성 조사'도 필요한 영역이다. 올니는 "토론토가 여기저기 평판 조사를 한 결과 지속적으로 '류현진은 아주 뛰어난 팀 동료'라는 대답을 들었다"고 전했다.

동료들과 아주 잘 지내는 것은 물론 유머 감각도 뛰어나다는 평가를 받았다. 토론토의 평판 조사에는 "류현진이 영어에 아주 능숙하지 않아 언어 장벽이 있지만 아주 뛰어난 유머 감각으로 이를 극복하는 스타일"이라는 답변이 나왔다.

실제 류현진은 LA 다저스에서 동료들과 유쾌한 장난을 치는 장면이 중계 화면에도 여러 번 잡혔다. 입단 첫해부터 후안 우리베와 '절친'으로 지냈고 야시엘 푸이그와 짓궂은 장난을 주고받았다. 류현진이 토론토 입단 기자 회견을 한 뒤 워커 뷸러는 류현진이 뒤에서 자신을 번쩍 안아 올리는 '백허그' 사진을 SNS에 올리며 류현진의 새 출발을 축하했다.

올니에 따르면 LA 다저스 데이브 로버츠 감독은 류현진에 대해 "평소 루틴이 안정적이고, 자기 할 일을 잘 알아서 하는 스타일이기 때문에 손이 덜 가는 선수"라면서 "여기에 주변 모두의 사랑을 받는 재능을 지녔다"고 칭찬했다.

류현진은 토론토에서 그냥 선발 투수가 아니라 에이스 역할을 해야 한다. 젊은 유망주들로 구성된 야수진을 이끄는 '리더' 역할도 해야 한다. 토론토가 주목한 것은 류현진의 실력뿐만 아니라 여러 조사를 통해 확인한 류현진의 인성과 유머, 이를 통한 리더로서의 자격이다.

정의와 공정

4

프로야구 위기, 국민타자 이승엽의
절실한 호소 "인성이 최고의 자산"

조선일보 OSEN 2021.09.16.

"야구 발전을 위해 더욱 노력하겠습니다."

프로야구 해설 위원이면서 KBO 홍보대사로 활동하고 있는 '국민타자' 이승엽(45) 위원이 야구팬들의 응원을 부탁했다. 그 자신도 프로야구 발전을 위해 더 힘쓸 것을 다짐했다.

KBO는 16일 "지난 8월 23일 발표한 '지속적인 인성교육 강화 등을 통한 부정행위 및 품위손상행위 재발방지 대책' 후속 조치로 ①프로야구 레전드 선수들과 야구계 인사가 선수들에게 전하는 충고의 메시지가 담긴 총 3편의 캠페인 영상 및 교육 영상 제작 ②유소년 선수부터 프로 선수까지 클린베이스볼 실천을 위한 가이드북 제작 ③각 야구 단체와 깨끗한 야구 환경 조성을 위한 동참 등을 실시한다"고 전했다.

KBO는 최근 프로야구의 위기 상황을 극복해 나가기 위해 프로야구 레전드 선수들과 야구계 인사가 선수들에게 전하는 충고의 메시지가 담긴 총 3편의 캠페인 영상을 제작했다.

첫 번째로 공개한 영상은 '유혹의 손길이 다가올 때'라는 주제로 이승엽 KBO 홍보대사, 허구연 MBC 해설위원, 홍성흔 전 두산베어스 선수가 함께 출연하여 KBO 리그 선수들의 품위손상행위가 선수 자신은 물론 가족과 주변 사람들, 팬과 리그 전체, 나아가 사회에 미치는 영향에 대한 중요성을 알렸다.

이승엽 KBO 홍보대사의 '기술 못지 않은 인성이 최고의 자산'이라는 메시지를 담은 두 번째 영상은 추석 연휴 이후에 공개된다. 세 번째 영상은 허구연 해설위원이 '첫째도 팬! 둘째도 팬! 팬이 최우선이다'라는 주제로 한국 야구의 위기 극복을 위해 팬을 최우선 가치로 삼고 사랑을 저버리는 일이 없도록 새롭게 도약해야 한다는 메시지를 전할 예정이다.

이승엽 홍보대사는 최근 SNS를 통해서도 프로야구 흥행에 빨간불이 켜진 점을 두고 "대한민국 야구의 발전을 위해서는 야구팬들의 많은 응원과 관심이 필요하다. 나 또한 절실한 마음으로 촬영에 임했다. 앞으로 야구 발전을 위해 더욱 노력하겠다"고 전했다.

한편 KBO는 이번 영상을 통해 선수들의 인식 변화를 촉구하고, 나아가 부정행위 및 품위손상 행위 등 유해행위 근절을 위한 단호한 의지를 보여주고자 한다.

정의와 공정

또한 KBO는 청정한 클린베이스볼을 구현하기 위해 KBSA, 한국프로야구선수협회, 일구회, 한국프로야구은퇴선수협회 등 야구 단체와 함께 은퇴 후에도 야구인으로서 비위 또는 부정행위 등으로 사회적 물의를 일으켜 품위를 손상케 한 경우 야구 활동에 제한 받을 수 있도록 등록제한 및 회원탈퇴 등 해당 기구의 등록 규정 보완을 추진하기로 했다.

5

"커피 한잔" 부탁한 노숙인에게
점퍼·장갑까지 건넨 시민

한겨레 백소아 기자 2021.01.19.

소낙눈 내리던 서울역 광장, 바쁜 출근길 아침

너무 추워 커피 한잔 부탁한 노숙인에게

점퍼 · 장갑 모두 벗어주고 홀연히 사라진 한 시민

갑작스럽게 많은 눈이 내린 18일 오전 서울 중구 서울역 앞에서 한 시민이 거리 노숙인에게 자신의 방한 점퍼와 장갑을 벗어주고 있다.
백소아 기자

정의와 공정

소낙눈이 쏟아진 18일 오전, 거센 눈발이 그치기 전 사진 취재를 하기 위해 서둘러 서울역 앞 광장으로 향했다. 바쁜 출근길 시민들도 지각이라도 할세라 발걸음을 재촉하고 있다. 이내 멀리 광장 한켠 흡연구역 앞 두 남자가 뭔가를 주고받는 모습이 사진기자의 카메라 앵글 속으로 들어온다. 깔끔한 차림의 한 남자가 자신이 입고 있던 긴 방한 점퍼를 벗어 노숙인에게 입혀주고 있었다. 그러고는 이내 주머니 속 장갑과 5만원짜리 지폐 한장을 노숙인에게 건넨다.

'무슨 일일까?' 상황이 끝난 듯해, 얼른 뛰어가 노숙인에게 물었다. "선생님, 저 선생님이 잠바랑 장갑이랑 돈도 다 주신 거예요?" "네, 너무 추워 커피 한잔 사달라고 부탁했는데….."

주위를 둘러보자 점퍼를 건넨 남자는 저 멀리 사라지고 있었다. 미끌미끌 눈길 위로 뒤쫓아갔지만 그는 이내 시야에서 사라졌다. 노숙인에게 다시 상황을 물어보려 돌아봤지만 그도 어디론가 없어진 뒤였다.

5분 아니 3분도 안 되는 짧은 찰나, 마치 단편영화 한 편을 본 듯했다. '그 남자는 왜 자신의 점퍼와 장갑을 그 노숙인에게 선뜻 내주었을까?' 강한 바람과 함께 세차게 내리던 소낙눈은 점점 그쳐갔다.

6

"청소년 가장 돕고 싶어"…
재난지원금 기부한 기초생활수급자

조선일보 송주상 기자 2021.08.25.

한 기초생활수급자가 자신이 받은 재난지원금을 기부했다.

25일 충남 부여군 규암면 행정복지센터에 따르면 지난 1일 센터 사회복지 담당자 앞으로 한 통의 자필 편

지난 1일 기초생활수급자 A(56·남)씨가 충남 부여군 규암면행정복지센터로 보낸 자필 편지. 규암면행정복지센터

지가 도착했다. 보낸 이는 관내 기초생활수급자 A(56·남)씨였다.

A씨는 "수고하십니다. 항상 염려해주시는 마음 감사히 받겠습니다"라며 "이번 재난지원금을 선생님들을 위해 쓰고 싶으나 사양하실 것 같다"라고 했다. 이어 감사한 마음을 전하려는 듯 괄호를 표기해 "쓰시려면 쓰시고…"라고 했다.

정의와 공정

현재 서울 병원에 장기 입원하며 생활비가 넉넉지 않은 A씨는 자신보다 어려운 사람에게 재난지원금이 돌아가길 바랐다. 그는 "(재난지원금을) 청소년 가장에게 전해주고 싶습니다"라며 "얼마 되지 않은 것, 한 사람에게 전액을 잘 사용해 주십시오"라고 했다.

센터는 A씨의 뜻에 따라 관내 여성 청소년 장애인을 한 명 선정했고, 그가 원하는 자전거를 구매해 전달했다. 앞서 부여군의 재난지원금은 지역화폐로 1인당 30만원 지급됐다. 현금으로 전달할 수 없어 A씨가 자전거를 사고 선물하는 형식으로 전해졌다.

센터 관계자는 "(A씨의 기부는) 쉽지 않은 결정이었을 것이다"라며 "(A씨는) 가족에게 재난지원금을 쓰라고 하실 수도 있는데, 어려운 사람을 돕고 싶다고 하셨다"라고 했다. 이어 "코로나19로 힘든 상황에서 마음이 따뜻해지는 일이었다"라고 했다.

7

"아이 뛰어 죄송해요" 손편지에…
아랫집 할아버지의 따뜻한 답장

조선일보 문지연 기자 2021.10.20.

"혼자 외롭게 사는 늙은이에
겐 시끄러움도 위안이 된답니
다. 걱정하지 마세요."

혹시나 내 아이가 시끄러웠을
까 하는 마음에 쓴 엄마 A씨의
편지에 아랫집 할아버지는 이런
답장을 보냈다. 문 앞에는 아이
가 좋아할 법한 빵들로 가득 찬
비닐봉지도 함께였다.

A씨가 수확한 감과 함께 전달한 손편지(왼
쪽). 선물을 받은 할아버지 역시 답장과 함
께 빵을 한가득 사왔다. 온라인 커뮤니티 '보배
드림'

A씨는 20일 온라인 커뮤니티 '보배드림'에 글을 써 이웃 할아버지
와 있었던 마음 따뜻한 이야기를 전했다. "너무 좋은 이웃을 만나 기
분 좋아 살짝 올려봐요"라며 들뜬 기분이 그대로 전해지는 말로 그날
의 일들을 꺼내놓기 시작했다.

그는 "얼마 전 친정에서 첫 감 수확을 했다. 아기가 쿵쾅거리고 주말마다 아기 친구들이 와도 한 번도 화내신 적 없는 아래층 할아버지께 올해도 감사하다는 손편지와 감을 들고 갔다"며 "아기 얼굴이라도 보여드릴 겸 문을 두드렸는데 안 계시더라. 문 앞에 살포시 놔두고 왔다"고 말했다.

A씨는 손편지를 통해 "아이가 한동안 아파서 병원에 있다가 퇴원을 하고 주말마다 친구들이 놀러와 시끄럽게 하는데도 2년간 한 번도 올라오지 않으시고, 오히려 '애들은 다 그런 것 아니겠냐'는 너무 인자하신 말씀에 감동 받았어요. 좋은 주민분들을 만나 씩씩하고 바르게 클 수 있게 해주셔서 감사합니다. 올해 첫 수확한 감이에요. 맛있게 드셔주세요. 늘 감사합니다"라는 마음을 담았다.

그로부터 얼마 지나지 않은 어제. 외출했다 집에 돌아온 A씨는 문 앞에 살포시 놓인 무언가를 확인한 뒤 미소를 감출 수 없었다. A씨는 "아래층 할아버지의 고마운 마음과 선물이 있었다"며 그날 받은 편지와 빵을 찍어 올렸다. 그는 "빵들도 요즘 젊은 사람들이 좋아할 만한 것들로 가득 들어 있었다"며 "할아버지께서 엄청 신경쓰고 고민하며 골라주셨구나 싶어 마음이 찡했다"고 했다.

할아버지가 썼다는 답장에는 "○○엄마. 이름이 너무 정겹네요. 매번 감사합니다. 혼자 외롭게 사는 늙은이에게는 시끄러움도 위안이 된답니다. 걱정하지 마세요"라고 적혀 있었다. A씨의 말처럼 샌드위치, 소시지 빵, 앙버터와 같은 빵들도 한가득이었다.

A씨는 "저는 진짜 이웃 주민들을 잘 만난 것 같다"며 "평소에도 이웃 할아버지, 할머니, 이모, 삼촌들이 아이 인사받아주시고 안부도 물어봐 주시고 먹을 것도 나눠 먹어서 이곳은 삭막하지 않구나 생각했다"고 말했다. 그러면서 "너무 좋은 이웃을 만나 아기가 밝고 건강하게 자랄 수 있을 것 같다"며 글을 마무리했다.

정겨운 마음이 오간 이야기에 네티즌들은 감동적이라는 반응을 쏟아냈다. 자신도 비슷한 경험이 있다며 따뜻함을 나누는 사람도 있었다. 한 네티즌은 "제가 예전에 살던 아랫집 노부부도 같은 말씀을 하셨다. 외로이 둘이 사는데 애들 뛰는 소리 오히려 정겹다고 걱정하지 말라시더라"며 "아이도 아랫집에 내려가면 할머니, 할아버지랑 한참을 떠들다 올라오곤 했다"고 추억했다.

네티즌들은 "두 분 모두 훌륭한 인성을 가지셨다" "마음이 훈훈해지는 이야기다" "이런 일이 요즘 흔치 않은데, 이런 게 이웃" "정말 좋은 진짜 '어르신'을 만난 것 같다" "갑자기 눈가가 촉촉해진다" 등의 댓글을 달았다.

정의와 공정

8

"옷 한 벌 못 사도 행복합니다"
99세 참전 용사 부부의 선행

국민일보 서지원 인턴기자 2020.04.09.

사진 서귀포시 제공

6 · 25 참전 국가 유공자인 99세 할아버지가 오랫동안 모은 수당 2,000만 원을 신종 코로나바이러스 감염증(코로나19) 성금으로 기부해 감동을 주고 있습니다.

주관섭(99) 할아버지와 백영순(80) 할머니 부부는 8일 직접 제주 서귀포시를 방문해 2,000만 원을 기탁했습니다. 거동이 불편한 부부는 지팡이를 짚으며 한 발 한 발 느리게 걸었지만 표정은 무척 밝고 따뜻했습니다.

부부는 코로나19와 관련한 뉴스와 기부 소식을 계속 접하면서 성금 기탁을 결심했습니다. 알뜰하게 모아온 돈을 좋은 곳에 쓰고 싶었습니다.

주 할아버지는 "그동안 나라에 도움만 받고 살아왔다"며 "코로나19 사태로 힘들어하는 취약 계층을 보면서 내가 받은 사랑을 되돌려 주고 싶다는 생각이 들었다"고 말했습니다.

주 할아버지의 고향은 북한인데 6·25 때 전쟁을 피해 남쪽으로 내려왔습니다. 이후 나라를 지키겠다는 신념으로 국군으로 참전하면서 국가무공수훈자 인정을 받았습니다. 또 서울에서 백 할머니를 만나 결혼생활을 하다가 제주로 내려왔죠.

사실 두 분의 형편도 넉넉하진 않습니다. 국가유공자에 기초생활수급자인 어르신 부부는 영구임대아파트에서 생활하며 유공자 수당과 생활비 지원금으로 빠듯하게 생계를 이어가는 중입니다.

백 할머니는 "옷 한 벌 사 입을 형편도 못 되지만 그동안 알뜰하게 저축한 돈을 필요한 곳에 쓸 수 있게 돼 너무 행복하다"며 웃어 보였습니다.

"나보다 더 힘든 사람을 돕고 싶다"는 주관섭·백영순 부부의 말에선 진정한 어른의 모습이 느껴집니다.

부부의 선행은 이번이 처음이 아닙니다. 지난 3월엔 제주사회복지공동모금회에 400만 원을, 서귀포시 동홍10통 노인회에 100만 원을 기부하며 따뜻한 마음으로 이웃 사랑을 실천해 왔습니다.

정의와 공정

양윤경 서귀포시장은 "고령의 나이에 경제적 형편도 어려우신데 이웃 사랑을 실천하신 것에 진심으로 감사와 존경을 표한다"며 "어르신의 선행이 널리 알려져 더불어 사는 사회의 본보기가 됐으면 좋겠다"고 말했습니다.

고령에도 멋지게 선행을 계속하는 두 분을 보니 선행을 하기에 늦은 나이란 없는 것 같습니다. 지금 오늘의 실천이 가장 중요한 것이겠죠.

요즘은 세상에 온통 불안하고 걱정스러운 일만 있는 것 같습니다. 하지만 힘들 때일수록 가끔씩 들려오는 따뜻한 소식에 희망을 얻게 됩니다. 모두가 두 분처럼 마음을 보탠다면 우리는 위기를 극복할 수 있을 겁니다.

9

선한 일을 생각하거나 보기만 해도
면역이 강해진다

한겨레 문병하 목사(양주덕정감리교회) 2021.03.16.

아기를 안고있는 테레사 수녀.

하루는 영국의 작가 버나드 쇼가 스스로 심각한 질병에 걸렸다고 생각하고 주치의에게 빨리 와 달라고 요청했다. 의사는 평소에 그를 잘 알고 있었기에, 그가 진짜 병에 걸린 것이 아니라 심리적인 문제인 것을 알고 있었다. 그래서 의사는 쇼의 집에 도착하자마자 일부러 거친 숨을 몰아쉬면서 의자에 털썩 주저앉았다. 깜짝 놀라서 무슨 일인지를 묻는 쇼에게 의사는 말했다. "급히 오느라고 아무래도 심장에 발작이 생긴 것 같습니다." 쇼는 깜짝 놀라서 얼른 따끈한 차와 응급약을 준비하는 등 부산을 떨었다. 그러한 가운데 그의 무기력증과 우울증이 싹 사라져버리고 말았다. 한 시간 후 의사는 그에게 진료비를 청구했다. 쇼는 자신이 도왔는데 진료비를 청구하는 의사를 어이없다는 듯 바라보았다. 그러자 주치의가 웃으며 말했다. "당신이 분주하게 움직이는 동안에 당신의 병이 다 낫지 않았습니까? 이것이 바

정의와 공정

로 당신을 위한 처방이었습니다."

  미국 하버드 의대의 연구진은 "테레사 효과(Teresa Effect)"라는 신조
어를 만들어 내었습니다. 그들에 의하면 테레사 수녀처럼 헌신적인
봉사 활동을 하는 사람은 물론이지만 실제로 봉사를 하지 않더라도
선한 일을 생각하거나 보기만 해도 마음이 착해진다고 합니다. 뿐만
아니라 우리의 몸까지도 이에 영향을 받아 바이러스와 싸우는 면역
물질이 절로 생긴다고 합니다. 하버드 대학교의 연구진은 대가를 받
고서 아르바이트를 하는 대학생들과 아무런 대가 없이 자원봉사자를
하는 대학생들의 면역 능력을 비교해 보았더니 후자가 전자보다 체내
면역수치가 더 강해져 있음을 발견했습니다. 이처럼 봉사하는 사람에
게 일어나는 정신적, 신체적, 사회적 변화를 가리켜 "테레사 효과"라
고 부르기로 한 것입니다. 남을 위해 움직이면서 봉사할 때, 우리 자
신이 건강하고 행복해집니다.

10

[고두현의 문화살롱]
"인생은 겸손을 배우는 긴 수업시간"

한국경제 고두현 논설위원 2021.02.19.

우수 뒤에 땅·얼음 녹듯…

겸손(humility)·인간(human) 어원은

낮은 곳 뜻하는 라틴어 '흙(humus)'

교만할 교(驕)는 '말(馬)+높을 교(喬)'

거만할 만(慢)은 눈 치켜뜬 모습

조선 최고 정승 황희·맹사성도

자신 낮추는 정치로 名재상 올라

조선시대 명재상으로 이름을 날린 황희(왼쪽)는 겸손한 자세와 치우침 없는 몸가짐으로 24년간 정승을 지냈다. 같은 시대의 청백리 맹사성도 남을 높이고 자신을 낮추는 '겸손 리더십'으로 존경을 받았다.

언 땅이 풀린다는 우수(雨水)가 지났다. 경기 파주 임진강변 반구정(伴鷗亭)에도 봄빛이 완연하다. 이 정자는 조선 명재상 황희(黃喜 · 1363~1452)가 86세에 관직에서 물러난 뒤 갈매기를 벗 삼아 여생을 보낸 곳이다. 이른 봄볕에 한가로이 쉬는 갈매기들의 날개가 다소곳하다. 깃털을 건드리는 바람결도 한결 부드럽다.

황희는 세종 때 영의정 18년, 좌의정 5년, 우의정 1년을 합쳐 24년간 정승을 지냈다. 이렇게 장수할 수 있었던 것은 뛰어난 능력과 겸손의 덕을 함께 갖췄기 때문이다. 그는 나이가 들고 지위가 높아질수록 몸을 낮췄다. 관노였던 장영실을 과학자로 관직에 올리고, 노비의 아이가 수염을 잡아당겨도 마음 좋게 웃어 '허허 정승'이라는 별명을 얻었다.

딱 한 사람, 6진 개척과 여진족 정벌에 앞장선 김종서에게만 예외였다. 북방에서 복귀한 김종서가 삐딱한 자세로 앉아 있는 걸 보고는 "저놈 의자 다리가 한쪽 망가진 모양이니 고쳐줘라"고 따끔하게 혼냈다. 자기 뒤를 이을 재목으로 점찍은 김종서에게 겸손을 가르치려고 일부러 엄하게 대한 것이다.

황희와 함께 조선 명재상 '투톱'으로 꼽히는 맹사성(孟思誠 · 1360~1438)도 겸손이 몸에 밴 사람이었다. 그는 벼슬이 낮은 사람이 찾아와도 공복을 갖추고 대문 밖에 나가 맞아들이고 돌아갈 때도 손님이 말을 탄 뒤에야 들어왔다.

이런 자세는 젊은 시절 한 고승에게 배운 것이다. 그는 고승에게 목민관의 도리를 물었다가 "나쁜 일 말고 착한 일만 하라"는 말을 듣고 헛웃음을 지었다. 이에 고승은 찻잔 가득 넘치도록 차를 따르면서 "찻잔이 넘쳐 바닥을 적시는 것은 알면서 지식이 넘쳐 인품을 망치는 것은 어찌 모르십니까?"라고 했다. 당황한 그가 황급히 일어서다 문틀에 부딪혔다. 그러자 고승이 "고개를 숙이면 부딪히는 법이 없지요"라고 했다.

겸손은 사람됨의 근본이다. 한자로 겸손할 겸(謙)은 말씀 언(言)과 겸할 겸(兼)을 결합한 글자다. 겸(兼)은 벼 다발을 손에 쥐고 있는 형상으로 '아우르다' '포용하다'라는 뜻을 갖고 있다. 인격과 소양을 두루 갖춘 사람은 자신을 낮추고 말을 공손하게 하는 법이다. 겸손할 손(遜)은 '후손에 전하다'의 뜻을 함께 지녔으니 대를 잇는 가르침을 의미한다.

영어 단어 겸손(humility)의 어원은 흙을 뜻하는 라틴어 후무스(humus)다. 흙 중에서도 영양분과 유기질이 많은 부식토다. 사람

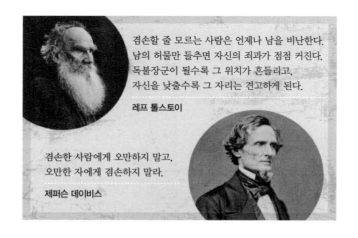

겸손할 줄 모르는 사람은 언제나 남을 비난한다.
남의 허물만 들추면 자신의 죄과가 점점 커진다.
독불장군이 될수록 그 위치가 흔들리고,
자신을 낮출수록 그 자리는 견고하게 된다.

레프 톨스토이

겸손한 사람에게 오만하지 말고,
오만한 자에게 겸손하지 말라.

제퍼슨 데이비스

정의와 공정

(human)이라는 단어도 흙에서 유래했다. 겸손은 흙에서 나온 사람을 성장시키는 토양이다.

겸손의 반대어인 교만(驕慢)은 잘난 체하고 뽐내며 건방지다는 말이다. 교만할 교(驕)는 말 마(馬)와 높을 교(喬)로 이뤄져 있다. 말을 높이 타고 아래를 얕잡아본다는 의미다. 병법에서도 교병필패(驕兵必敗)라고 해서 교만한 병사는 적에게 반드시 패한다.

거만할 만(慢)은 마음 심(心)과 '손으로 눈을 벌려 치켜뜬' 모습의 끌 만(曼)을 합친 것으로, 눈을 부라리는 태도를 가리킨다. 영어 거만(haughtiness)이 프랑스어 '높은(haut)'에서 왔고, 라틴어 어원도 '높은(altus)'이니 겸손과 상반된다.

올해 출간 110주년을 맞은 소설 《피터 팬》의 작가 제임스 매튜 배리는 그래서 "인생은 겸손을 배우는 긴 수업시간"이라고 강조했다. 그의 명언처럼 낮은 자세로 겸손을 체득한 사람만이 그 비옥한 토양에서 성공의 싹을 틔울 수 있다. 나이만 먹고 교만한 사람은 '어른 아이' 증후군에 갇히고 만다.

그리고 보니 성공(success)이란 말도 '흙을 뚫고 나온다'는 뜻의 라틴어 수케데레(succedere)에서 왔다. 흙에서 씨앗이 뚫고 나오는 것이 곧 성공이다. 겸손의 땅에 뿌린 씨앗이 더 잘 자란다.

미증유의 코로나19 사태와 선거를 연거푸 앞둔 정치권의 진흙탕 싸움을 보면서 겸손과 인간, 흙과 뿌리의 근본 의미를 다시 생각한다. 얼음 풀린 강 언덕의 반구정 뜰에 앉아 부드럽게 흙 모이를 쪼는 갈매기들의 뒤태가 사뭇 겸허하다.

"위대한 정치가와 CEO들은 아주 겸손하다"

탁월한 지도자의 덕목에는 반드시 '겸손'이 포함된다. 교육자이자 작가인 케빈 홀이 언어학자 아서 왓킨스와 함께 쓴 책 《겐샤이》에 따르면 리더(leader)의 '리(lea)'는 '길(path)', '더(der)'는 '발견하는 사람(finder)'을 의미한다.

지도자는 '길을 발견하는 사람(pathfinder)'이다. 신호와 단서를 읽고 길을 발견해 다른 사람들에게 보여주는 사람이 곧 진정한 리더다.

리더십과 인력개발 전문가 그룹인 미국의 호건 어세스먼츠는 다양한 인성분석 자료를 취합한 결과 "최고의 리더는 겸손한 리더"라고 평가했다. 이 회사의 세 가지 질문이 눈길을 끈다.

"나는 업무에 관한 다른 사람의 조언을 고마워하는가?", "내가 이룬 성과를 누군가가 무시하면 언짢은 감정이 드는가?", "자신의 한계를 인정하는 사람은 존경받지 못하는 걸까?"

첫 번째 질문에 "네"라고 답하는 사람은 겸손한 리더의 자질을 가지고 있다. 두 번째와 세 번째 질문에는 "아니오"라고 답하는 사람이 겸손한 리더다.

결국 겸손한 리더란 자기의 한계를 인정하고, 남에게 지식과 조언을 구하는 데 주저하지 않으며, 자신의 공을 내세우지 않고, 남을 칭찬하며, 동료나 부하의 성취를 함께 기뻐하는 사람이라는 얘기다. 미국 경영학자 짐 콜린스도 "위대한 정치가와 CEO들은 아주 겸손하다"고 말했다.

11

공부가 싫다는 아이에게
부모가 해줄 수 있는 최고의 조언은…

오은영 정신건강의학과 전문의 소아청소년클리닉 원장 2019.12.16.

　초등학교 5학년 아이가 영어 학원에 가는 게 너무 싫다고 했다. 부모 말이 머리는 좋은데 공부를 너무 하기 싫어한단다. 나는 아이에게 "기본적으로 해야 하는 공부나 숙제는 좀 하니?"라고 물었다. 아이는 당당하게 "아니요."라고 답했다. 재미가 없단다. "공부가 재미없지 뭐"라고 말하니, 아이는 "과학이나 음악은 재밌어요, 그래서 저는 그것만 해요."라고 했다. 나는 아이에게 "그렇구나. 그런데 초등학교 다닐 때는 뇌를 발달시키는 시간이라 편식을 하듯 공부도 편식하면 안 되는데"라고 말했다. 아이는 편식이라는 단어가 귀에 콕 박혔는지, "저 편식은 안 하거든요. 다 잘 먹어요."라고 반박했다. "아니, 편식처럼 어느 과목만 골라 하는 것은 뇌를 균형 있게 발달시키는 것을 방해해."라고 설명해줬다. 아이는 한참을 생각하더니 엄마가 영어 학원을 가라고 해서 가고는 있지만 영어가 진짜 싫다고 고백했다. 나는 "그래, 영어 공부가 우리말이 아니니까 싫을 수 있어. 근데 영어는 너무 안 하면 두고두고 고생해."라고 했다. 아이는 "왜요?"라고 물었다. "학교에서도 영어 시험을 봐. 대학 갈 때도, 취직할 때도, 승진할 때도 영어 시험을 봐. 미뤄놓고 안 해도 되면 상관없지만, 두고두고 해야 하는데 좀 하는 것이 낫지 않을까?" 했더니 아이는 그래도 안 할 거라고 했다.

그래서 "네가 좋아하는 과학책을 읽으려면 영어를 좀 할 줄 알아야 할걸."이라고 했다. 아이는 "왜요?"라고 물었다. 진료실 책장에 꽂힌 전공 서적을 보여주며 이것이 다 영어로 되어 있다고 말해줬다. 아이는 번역서를 읽으면 된다고 했다. "번역하는 사람도 이윤을 남기려면 사람들이 많이 읽는 책은 번역하지만, 네가 좋아하는 책들은 하지 않을 수 있어." 그제야 "진짜요?"라고 했다. "억지로 하라고는 안 해. 10년쯤 지나면 동시통역 기계도 나오고 아마 영어를 안 배워도 의사소통에는 문제가 없을 거야. 그런데 네가 좋아하는 책을 읽는 건 좀 어려울 수도 있어. 그래서 좀 하라는 거야."라고 말했다.

남자아이들 중에는 악필이 유난히 많다. 어떤 아이는 자기가 쓴 숫자도 못 읽는다. 계산에 자주 오류가 발생한다. 그럴 때도 똑바로 쓰라고 혼내기보다 이렇게 말해주면 좋다. "네가 어른이 되어서 돈을 많이 벌었어. 중요한 계약을 해야 돼. 중요한 계약은 컴퓨터로 하면 안 되고, 자필로 써야 하거든. 그런데 잘못 써서 상대방이 숫자를 잘못 읽는다거나 실수로 0을 하나 더 붙이면 어떻게 될까?" 그러면 아이들이 고개를 절레절레 젓는다. "그래서 정확하게 쓰라는 거야. 잘못 쓰면 돈을 더 줘야 해." 이렇게 얘기하면 정확하게 써야 하는 것의 중요성을 조금은 깨닫는다.

아이가 자랄수록 양육에서 공부를 생각하지 않기는 어렵다. 이런 때 아이가 공부를 끝까지 포기하지 않고 잘 해내게 하려면 어떻게 하면 될까? 공부가 싫다고 하면, 쿨하게 인정해주어야 한다. "너는 그렇게 생각하는구나. 너는 지금 그런 마음이구나", 수긍해주면 아이가 덜 발끈한다. 그리고 나서 아이에게 일반적이고 보편적인 것을 들어 필요성에 대해서 설명해주었으면 한다.

아이가 공부를 너무 안 하려고 한다면, "그런데 공부는 다른 아이들도 다 하잖아. 고등학교까지는 전부 다니잖아. 배워야 뇌가 발달하거든."이라고 말한다. 아이가 "그런데 다른 아이들도 다 싫어한다고요."라고 말할 수도 있다. "맞아. 좋아하는 사람이 없지. 노는 것보다 공부를 좋아하는 사람은 많지 않아. 그런데 대부분 애들은 그래도 참고 하잖아. 네가 이렇게 싫어하는 것은 좀 문제인 거야. 그 이유를 찾아봐야 돼.", 아니면 "모든 과목을 100점 맞으라 하는 것도 아닌데, 기본적인 것도 안 하려는 것은 문제야." 정도로 이야기해주는 것이 좋다. 아이의 생각을 수긍해주면서 차근차근 설명해주면 반박을 하다가도 '내 생각이 다는 아니네.'라는 생각을 한다.

공부를 해야 할 필요성을 너무 비장하게 말하지 말자. 부모가 비장하면 할수록 아이는 공부가 더 무섭다. 부담이 돼 더 하기 싫어진다. 가볍고 짧게 아주 가끔만 그 중요성에 대해 이야기하는 것이 훨씬 효과적이다. 할 수 있다면 아이들 코드에 맞게 유머러스하게 해줄 수 있다면 더 좋다.

정의와 공정

12

[공독쌤의 공부머리 독서법]
독서가가 되는 최우선 길 '책 고르는 능력'

경향신문 레이디경향 최승필 독서교육전문가 2021.05.23.

독서가는 재미있게 읽은 책 한 권으로 태어나고, 재미있는 책을 찾아서 스스로 서가를 넘으면서 성장합니다. 책을 고르는 능력은 독서가가 되기 위해서 가장 우선적으로 길러야 하는 능력입니다. 책 고르는 능력이 있어야 책을 잘 읽을 수 있고, 책을 잘 읽어야 독서능력을 기를 수 있기 때문입니다.

물론 아직 책의 세계가 낯설고 책을 잘 모른다면 무슨 책을 어떻게 골라야 할지 막연할 수 있습니다. 이 막연함을 떨치는 유일한 길은 실물 책을 살펴볼 수 있는 도서관이나 서점의 서가로 걸어 들어가서 '어디 재미있는 책 없나?' 하는 마음으로 책을 들여다보는 것입니다. 일단 들여다보면 재미있겠다 싶은 책을 찾는 것이 얼마나 간단한 일인지 바로 알게 됩니다.

흥미가 가는 책에는 크게 두 종류가 있습니다. 하나는 내가 평소 관심을 가지고 있던 분야의 책입니다. 이야기를 좋아한다면 동화나 소설이, 자전거 취미에 푹 빠져 있다면 자전거를 다룬 책이 흥미로울 수 있는 거죠. 이런 책을 만나게 되면 당연히 자신의 관심 분야에 대한 지식과 소양이 강화되고, 강화되는 만큼 더 깊이 읽을 수 있게 됩니다.

또 다른 하나는 평소 관심 분야는 아니지만 책 자체가 흥미로운 경우입니다. 우연히 어떤 책을 실물로 봤는데, 그 책이 매우 흥미로운 겁니다. 이런 책은 독서 분야의 확장을 불러옵니다. 저는 판타지나 공상과학소설처럼 배경이 허구적인 이야기는 거들떠보지도 않았던 때가 있었습니다. 그러다 '세계 SF 단편 걸작선'을 우연히 봤는데, 그 책이 이상하게도 구미가 당겼습니다.

결국 그 책을 읽었고, 완전히 빠져들었습니다. 제가 평소에 업신여겼던 허구적인 이야기의 세계가 충격적일 정도로 대단했거든요. 그리고 그 책을 만나기 1분 전까지만 해도 상상조차 못한 일이 제 독서 인생에 벌어졌습니다. 판타지와 공상과학소설의 세계에 열광하면서 한 시절을 보냈거든요. 이렇듯 내가 이미 알고 있는 흥미도 있지만 책의 실물을 보고 발견하게 되는 흥미도 있습니다. 그래서 도서관이나 서점의 서가를 돌 때는 이 두 가지 가능성을 활짝 열어놓는 자세가 필요합니다.

기본 방법은 간단합니다. 서가에 꽂혀 있는 책들을 쭉 훑어보다가 흥미가 가는 제목을 발견하면 그 책을 꺼냅니다. 소제목을 비롯한 앞뒤 표지의 문구를 훑어보면 이 책이 무엇을 이야기하는 책인지 대략 알 수 있습니다. 앞뒤 표지를 보고도 흥미가 유지된다면 책을 펼칩니다. 내가 집어든 책이 지식도서라면 목차를, 동화나 소설 같은 이야기

　　　　　　　　　　　　　　　　　　　　정의와 공정

책이라면 본문 첫 부분 4~5단락을 훑어봅니다. 여기까지 살펴봤는데도 흥미가 간다면 그 책이 바로 이번에 내가 선택할 책입니다.

  핵심은 한 번의 성공 경험입니다. 내가 선택한 책이 실제로 푹 빠져 읽을 정도로 재미있는 책인 경험을 한 번만 하고 나면 그다음부터는 모든 것이 한결 수월해집니다. 책 선택에 대한 자신감, 책을 고르는 재미와 감각, 남들은 잘 모르는 재미있는 책을 내가 찾아냈다는 독서가로서의 자의식도 생깁니다. 이 자의식이 강화되면 의식적으로 노력하지 않아도, 책을 구경하고 싶어서 도서관과 서점을 수시로 드나들게 됩니다. 이렇게 수시로 책을 구경하고 선택하는 사람을 '독서가'라고 부르죠.

[공독쌤의 공부머리 독서법] 독서가가 되는 최우선 길 '책 고르는 능력'

'공독쌤' 최승필은? 독서교육전문가이자 어린이·청소년 지식 도서 작가다. 전국 도서관과 학교 등지를 돌며 독서법 강연을 하고 있다. 창비 좋은 어린이책 기획 부문 대상을 수상했으며, 쓴 책으로는 '공부머리 독서법'(책구루)과 '아빠가 들려주는 진화 이야기, 사람이 뭐야?'(창비) 등이 있다. 교육 잡지 '우리 교육'에 독서문화 칼럼을 연재 중이다.

13

삶에서 우리가 원하는 것만
가질 순 없어요

한겨레 용수 스님(세첸코리아 대표) 2021.03.22.

받아들임

사진 픽사베이

삶에서 우리가 원하는 것만 가질 수 없어요. 원치 않는 것도 원하는 것과 같이 와요. 원치 않는 것을 감당하지 못하면 원하는 것을 포기해야 하고 원하는 것을 버릴 수 없다면 원치 않는 것을 받아들여야 해요.

삶은 타협입니다. 다 좋을 수도 다 나쁠 수도 없어요. 자식도 연인도 친구도 행복을 주지만 고통도 줘요. 기쁨의 대가는 슬픔이며 만남의 대가는 헤어짐이에요. 명성의 대가는 외로움이며 성공의 대가는 고독이에요.

웃기 위해 울기도 하고 아프지 않은 사랑은 없어요. 만나는 것이 좋으면 헤어지는 것을 받아들여야죠.

이 생에 온 것은 사랑하기 위한 것이 아니라 사랑과 아픔이 같다는 것을 배우기 위한 것이에요. 받아들임을 배우기 위해 내려놓음을 배우기 위해 공을 깨우치기 위해 이 생에 왔어요.

기쁨도 슬픔도 은혜로 품고 울음도 웃음도 같은 거에요. 쓴맛도 단맛도 맛일 뿐이며 오르락도 내리락도 움직임이 없어요. 이 생의 행복과 고통은 드라마 한편이며 옴도 감도 없어요.

받아들이면 삶이 은혜가 되고 무상하고 허깨비 같은 본질을 알게 되어요.

빈손으로 오고 빈손으로 가요. 중간에는 받아들이는 거 말고는 할수 있는 게 없어요. 실제로 가진 것도 잃은 것도 없어요. 내것도 내것 아닌 것도 없어요.

인생이 아름답다는 것은 사실이에요. 다 좋아서 아름다운 게 아니라 무상하기 때문에 실제로 있지 않기 때문에 받아들이기 때문에 아름다운 것이에요.

14

돈 없는 학생 태워준 기사…
며칠 뒤 버스회사에 온 편지엔

조선일보 권상은 기자 2021.10.04.

안씨가 평안운수 버스기사들에게 전달한
감사편지와 텀블러 선물. 페이스북 '의정부
대신 전해드립니다'

"지난 추석 연휴에 가족들과 시간을 보낼 수 있었고, 힘든 일상을 보내고 있던 상황에 기사님이 보여주신 선행이 많은 위로가 되었습니다. 감사합니다."

지난달 26일 낮 12시쯤 경기도 의정부시 민락동에 있는 버스 회사 '평안운수' 영업소에 한 청년이 찾아와 이런 내용이 담긴 감사 편지를 내밀었다. "이 회사에서 일하는 기사님들 쓰시면 좋겠다"며 텀블러 30개도 갖고 왔다. "지난번에 내지 못한 버스 요금"이라며 수줍게 현금 1,500원도 내밀었다.

이 청년은 대학생 안모(24)씨였다. 그는 추석 연휴 마지막 날이었던 지난달 22일 오후 11시쯤 의정부 도심에서 집에 가려고 23번 버스를 탔다. 지갑을 꺼내 결제하려는데 버스 카드가 없었다. 이미 버스는 출발한 뒤였다. 그는 버스 기사에게 "버스 카드를 두고 와서 다음 정류장에서 내리겠다"고 했는데 버스 기사는 흔쾌히 "그냥 타고 가세요"라고 했다. 고마운 마음에 안씨는 버스 안에 붙어있던 기사 이름과 차 번호를 기억해뒀다가 이날 회사를 찾아온 것이다. 가져온 텀블러는 자기가 일하는 곳에서 만든 제품이라고 했다.

안씨는 버스 회사에 이름과 연락처를 남기지 않았다. 그런데 버스 업체 관계자가 의정부 지역 온라인 커뮤니티에 이 사연을 소개하면서 외부에 알려졌다. "가까운 곳에 고마움을 갖고 살아야 하는데, 사는 게 힘들어서 외면하고 살았네요. 기사님도 학생도 참 좋은 분들이시네요"라는 글과 함께 편지와 텀블러 사진이 올라왔다. "따뜻하다" "눈물이 난다" "멋지다" 등 네티즌들의 댓글이 잇따랐다. 그러자 안씨는 지난 2일 의정부 온라인 커뮤니티에 "제가 행복해진 만큼 나누고 싶은 마음에 보인 행동에 여러분도 따뜻해지셨다니 참 감사하고 보람차다"는 글을 남겼다.

원래 안씨는 버스 회사에 익명으로 선물을 보내려고 했지만, 버스 기사에게 제대로 전달되지 않을 수 있다고 생각해 직접 영업소를 찾아갔다고 한다. 당시 버스 기사는 만나지 못하고 감사 편지와 선물만 전달했다. 안씨는 본지 통화에서 "좋은 일을 하신 건 버스 기사분인데 제가 주목받다니 주객이 뒤바뀐 것 같다"고 했다.

15

나누어야 할
소중한 것들

독서신문 김혜식 수필가(前 청주드림 작은도서관장) 2021.02.01.

김혜식 수필가 前 청주드림
작은도서관장

어린 날 아버지의 부재로 생계를 위협 받은 적 있다. 이에 어머니는 자식들 양육을 위해 궁여지책으로 서울 중랑천 뚝 위에서 호떡을 구워 팔기에 이르렀다. 동장군이 찾아온 혹한에 어머닌 언 발을 구르며 호떡을 구웠으나 경험 부족인지 장사가 신통치 않았다. 어느 때는 호떡을 몇 개 팔지 못하고 무거운 걸음으로 어머닌 손수레를 끌고 집으로 돌아오기 일쑤였다.

무엇보다 어머니가 견디기 힘든 것은 곁에서 붕어빵을 파는 두 내외의 비인간적인 텃세였다. 이들은 어머끼 사사건건 트집을 잡았으며, 시비를 걸어오고 훼방을 놓곤 했다. 호떡 기계가 얹힌 무거운 손수레는 어머니 혼자 끌고 집으로 돌아오기엔 힘에 부쳤다. 하여 어머닌 노점 장소에 놔두고 왔다. 이때 호떡 굽는 화덕에 연탄불을 피워놓고 오면 불이 잘 붙은 연탄에 물을 부어서 꺼트리기 다반사였다. 또한 손수레 위 집기류도 몰래 가져다 버리곤 했다.

눈보라가 몰아치는 어느 날이었다. 만삭이었던 붕어빵 장수 아내가 그날따라 혼자서 붕어빵을 팔았다. 그때 그녀는 갑자기 산통을 느껴 길바닥에서 아이를 출산할 뻔했다. 이때 어머닌 당신이 입고 있던 외투를 황급히 벗어 산모를 보호했다. 그리고 어머닌 택시를 불러 함께 병원으로 향했다. 하지만 그녀는 택시 안에서 그만 아기를 출산하게 돼 얼결에 어머니가 아기를 받았단다. 비록 그 두 내외는 평소 소소한 이익에 얽혀 온갖 악행을 저질렀지만 인정 많은 어머닌 따뜻한 가슴으로 그들을 품었던 것이다.

그 후 그 두 내외는 더 이상 어떤 심술도 부리지 않았고 그날의 일로 평생의 은인처럼 어머니를 대했다. 이십여 년 후, 어느 날 군복을 입은 건장한 청년이 우리 집을 찾아왔다. 그때 태어났던 아기가 자신이란다. 당시 청년을 반갑게 맞이했던 어머닌 요즘도 간간이 그때 일을 떠올리며 행복해한다. 만약 그때, 어머니가 산모를 외면했더라면 그 청년이 어렵사리 수소문까지 해 어머니를 찾아왔을까 싶다. 이로 보아 사람은 남다른 능력보다, 타인에 대한 배려를 행할 때 자신을 지킬 수 있을 뿐만 아니라, 행복도 느낄 수 있다. 이렇듯 배려는 감동과 정을 재래(齋來)케 한다.

16

극단적 선택하려는 손님 구한
GS25 알바생

한국경제 노유정 기자 2021.04.23.

지난 18일 오후 11시께. 전북 전
주시 효자동의 GS25 서곡미라클점
에 20대 여성 A씨가 들어왔다. 번
개탄을 찾고 있었다. 야간근무 중
이던 8개월차 아르바이트생 장은지
씨(사진)는 "번개탄은 팔지 않는다"

며 여성을 돌려보냈다. 장씨는 '혹시' 하는 의심이 들었다.

10여 분 뒤 A씨가 다시 왔다. 이번엔 소주와 청테이프를 사 갔다.
의심은 확신이 됐다. 장씨는 경찰에 곧장 신고했다. A씨의 행선지를
찾을 수 없었지만 순간 편의점에서 카드로 결제한 게 생각났다. 장씨
는 카드사에 연락해 "물건을 산 편의점에서 계산이 잘못됐으니 A씨에
게 점포에 전화해줄 것"을 요청했다. 카드사 연락을 받은 A씨는 편의
점에 전화를 걸었고 경찰이 위치 추적을 통해 A씨를 찾을 수 있었다.
극단적인 선택을 하려 한 여성을 구할 수 있었던 것은 장씨의 기지가

결정적이었다.

GS리테일은 22일 장씨에게 조윤성 사장 명의로 감사장과 격려금을 전달했다. 편의점 방문자에 대한 세심한 관심으로 한 생명을 구한 공로다. 장씨는 "최근 뉴스에서 비슷한 사례를 본 데다 GS25의 업무지원 시스템 '챗봇지니'에서 범죄 예방 교육을 받아 빠르게 도움을 요청할 수 있었다"고 말했다. GS리테일은 장씨가 원하면 이달 말 신입사원으로 채용할 계획이다.

챗봇지니는 GS25 직원을 대상으로 한 인공지능(AI) 대화형 업무지원 시스템으로 스마트폰으로 범죄 및 사고예방 관련 교육을 한다. GS25는 장씨의 사례도 챗봇지니를 통해 전국 1만 5,000여 곳 점포의 경영주와 직원들에게 전파했다.

17

당신의 배려로
누군가 다시 살 힘을 얻었어요

한겨레 문병하 목사(양주덕정감리교회) 2021.08.27.

어느 아파트 근처에 있는 세탁소에서 불이 났다. 불은 세탁소 전부를 태웠고, 며칠이 지난 후 아파트 벽보에는 '사과문' 하나가 붙었다. 사과문에는 불이 나 옷이 모두 타서 죄송하다는 이야기와 옷을 맡기신 분들은 옷 수량을 신고해 달라는 내용이 적혀있었다. 공고가 붙은 후, 한 주민이 공고문 아래에 글을 적고 갔다. 당연히 옷 수량을 적어 놓은 글인 줄 알았는데 뜻밖의 글이 적혀 있었다.

'아저씨! 저는 양복 한 벌인데 받지 않겠습니다. 그 많은 옷을 어떻게 하시겠습니까? 용기를 내세요' 그 주민 말 한마디에 아파트 주민들이 속속 배상을 받지 않겠다고 나서기 시작했다. 그 후 누군가 금일봉을 전했고, 금일봉이 전달된 사실이 알려지자 또 다른 누군가도 또 다른 누군가도 도움의 손길을 보내왔다. 얼마 뒤 아파트 벽보에 또 한 장의 종이가 붙었다. 다름 아닌 '감사문'이었다. '주민 여러분! 고맙습니다! 월남전에서 벌어온 돈으로 어렵게 일궈 온 삶이었는데, 한순간에 모두 잃고 말았습니다. 하지만 여러분의 따뜻한 사랑이 저에게 삶의 희망을 주었고, 저는 다시 일어설 수 있었습니다. 꼭 은혜에 보답하겠습니다.'

나비의 날갯짓처럼 작은 변화가 폭풍우와 같은 커다란 변화를 유발시키는 현상을 나비 효과라고 합니다. 나비 효과처럼 혼자만의 작은 선행과 배려로 시작한 일이, 세상 전체를 움직이고 변화시킬 만큼 큰 힘을 가질 수도 있는 것입니다. 희망이 없던 사람도 가진 것이 많든 적든 모든 사람들이 그 힘을 가질 수 있습니다. 나비의 날갯짓을 시작하는 날이 되시기를 바랍니다.

18

숨겨둔 얘기를 터놓는 '인생현상소' 〈2〉
코로나병동 간호사 김혜리 씨

국제신문 정채영 PD 2021.10.25.

"부부싸움 대신 코로나와 싸운 우리… 신혼여행 꼭 다시 가자"

올 2월 내 인생의 단짝된 병준아
내가 코로나 환자 돌보며 힘들 때
투정·하소연 다 받아줘서 고마워
듬직한 남편의 응원에 힘이 나

집에 못 가며 방역과 사투 벌이는
의료원 동료들이 난 자랑스러워
이 사태 잠잠해져 좋은 날 오면
둘이 손잡고 여행 많이 다니자!

부산의료원 코로나19 병동 간호사 김혜리(31) 씨가 '인생 현상소'에 편지를 보내왔다. 수신인은 남편 최병준(31) 씨. "안녕. 내가 힘들 때 풀어놓는 투정을 다 받아줘서 고마워. (피곤을) 녹여주는 네가 있어서 스

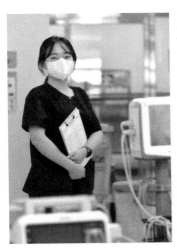
부산의료원 코로나19 병동 간호사 김혜리씨가 환자 차트를 들고 환하게 웃고 있다.

트레스를 풀 수 있었던 것 같아. 사실 (의료진의) 가족이 피해자 아닌 피해자였잖아. 피해 주기 싫어 자취방 구해 생활하는 간호사도 기억에 남아. 감염병과의 싸움을 잘 견디고 있는 동료들이 너무 자랑스러워."

혜리 씨는 2013년 부산의료원에 입사한 9년 차 간호사. 올해 2월 결혼한 남편 병준 씨에 대한 미안함이 크다. '필터' 없이 쏟아내는 하소연을 남편이 다독여줬기 때문. "사실 남편이 가장 큰 피해자예요. 직접 환자를 간호하지 않아도 병동 상황을 모두 알고 있으니까요." 두 사람은 올해 2월 팬데믹을 뚫고 부부가 됐다. 신혼살림을 장만하러 다닐 때 혜리 씨 이마와 콧잔등에는 늘 마스크 자국이 선명했다. "지난해 여름부터 결혼을 준비했어요. 결혼 준비를 하면서 만났던 사람들에게 제 직업이 간호사라는 얘기는 안 했던 것 같아요. 코로나19 환자를 돌본다고 하면 경계하시는 분들이 많았거든요."

동료가 확진 판정을 받는 바람에 혜리 씨도 격리된 적이 있었다. "키우는 고양이를 돌봐줄 사람이 없어 난감해할 때 예비신랑이 집에 가서 챙겨줬어요. 제가 먹고 싶다는 것도 사서 병동 앞에 맡겨두고…" 남편 얘기를 할 때 혜리 씨의 눈에서는 꿀이 떨어졌다. 동갑내기 남편은 '내조의 왕'이었단다. "동갑이라 친구같이 지내요. 스트레스는 수다로

김혜리 씨와 남편 최병준 씨.

푸는 편인데 남편이 다 받아줘요. 자신도 퇴근하면 쉬고 싶을 텐데 집안일도 해주고. 고마워, 신랑."

부산의료원은 지난해 2월 '코로나19 전담 병원'으로 지정됐다. 현재까지 이곳에서 치료한 환자는 5,000여 명. 간호간병 포괄 서비스 병동을 담당하던 혜리 씨도 두꺼운 방호복을 입었다. "바이러스가 이렇게 오랜 시간 잡히지 않을 거라고는 생각 못 했어요. 그런데 첫 환자가 음압 병동에 입원한 지 며칠 안 돼 확진자가 급증했어요. 병실이 부족해 일반 환자는 퇴원시키거나 전원시켰습니다. 창문에 테이프를 붙여 임시 음압병동을 만들기도 했어요."

음압 병동의 핵심인 음압기는 공기압을 낮춰 내부의 균이 밖으로 나가지 못하게 하는 장치. 간이 음압기는 너무 크기도 했지만 소음도 커 환자들의 불만이 많았다. "처음 확진자가 발생했을 때는 국가적인 차원의 프로토콜이 없었어요. 의료진뿐만 아니라 병실도 부족하고. 코로나19에 대한 정보가 부족하다 보니 간호사들이 모든 것을 해결해야 했어요. 청소는 물론 CT 찍으러 갈 때도 간호사가 동행해 환자를 관찰했습니다."

가족과 따로 떨어져 지내는 의료진도 많았다. "부모님과 같이 사는 후배는 따로 자취방을 구해 나왔어요. 감염에 취약한 어르신들이 자신 때문에 혹시나 피해를 보지 않을까 하는 걱정 때문에. 몇 달에 한두 번 집에 들러 옷가지만 챙겨 나온다는 말에 가슴 아팠답니다."

언제 가장 힘들었을까. "지난해 대구의 한 요양병원에서 집단감염이 발생했을 때입니다. 병상이 부족해 많은 노인 환자들이 부산으로 이송돼 왔어요. 쇠약해진 탓에 기본적인 의사소통이 힘든 분도 있었고. 어디가 아픈지조차 말하기 힘들어하는. 그때는 제가 방호복을 입고 병실에 들어가 환자 상태를 체크해 병동 밖에서 기다리는 간호사에게 전달했어요. 청소부터 기저귀 교체에 환자 식사까지 챙기다 보면 시간이 훌쩍 가요. 의료진들은 끼니를 건너뛰거나 라면으로 때우는 경우도 많았습니다."

혜리 씨는 섭섭한 적도 있다고 했다. "처음에는 '의료진 덕분에'라는 말을 듣고 힘을 내기도 했습니다. 그런데 팬데믹이 길어지면서 의료진의 헌신을 당연하게 받아들이는 사회 분위기가 느껴져요. '파견 간호사의 대우가 좋다'는 방송 뉴스를 본 환자가 '그만큼 받았으면 이 정도는 해야 하지 않나'라고 하더라고요. 나와 같은 일반 간호사들은 평소와 똑같은 대우를 받는데도 '돈 많이 번다'는 인식이 퍼지니 스트레스를 받죠." 그래도 혜리 씨는 '조금 편한' 직장으로 옮길 생각이 없다. "근 2년간 감염병과 싸우면서도 이탈한(힘들다고 떠난) 사람이 없어요. 서로 힘내라고 늘 '으쌰 으쌰' 합니다. 친한 동기·선배랑 세 명이 밥 먹고 여행하면서 서로를 다독여주기도 하고. 남편도 고생한다며 '우쭈쭈' 해주니까."

혜리 씨가 그만둘 수 없는 또 다른 이유는 책임감이다. "고령의 환자나 기력이 떨어지는 분들은 더 많이 신경 쓰여요. CC(폐쇄회로)TV로 계속 환자들을 체크해도 마음이 놓이지 않을 때가 많답니다. 아예 거동이 안 되시는 분들은 2시간에 한 번씩 방호복 입고 들어가 몸을 이리저리 흔들거나 마사지를 해드려요. 그래야 환자분들이 편안해 하시거든요."

퇴원한 환자 중에는 두 손 가득 빵과 음료수를 사 들고 오는 경우도 많단다. "환자분들 중에 블로그 하시는 분들이 저희 병동에서 치료받은 후기를 올리세요. 한번 들어가서 봤더니 '고생한다. 감사하다'고 적혀 있었어요. 뿌듯하기도 하고. 간호사 선생님들이 찾아서 보고 그래요."

혜리 씨는 코로나19가 잡히면 남편과 다시 신혼여행을 가고 싶다고 했다. "제주도로 2박 3일 짧은 신혼여행을 다녀왔는데 너무 아쉬워요. 예전부터 꼭 가고 싶은 곳이 있었는데. 언젠가는 남편과 손잡고 갈 날이 있겠죠." 병준 씨에게 더 하고 싶은 말이 있느냐고 물었다. "살짝 민망하고 부끄러운데. 앞으로도 지금처럼 사이 좋게 지내자. 내 평생 친구야! 사…사…. 집에서 보자. ㅋㅋ"

정의와 공정

19

일가족 고속도로서 시동 꺼져 '발동동'…
그들 도와준 의외의 인물

조선일보 김명일 기자 2021.11.13.

트로트 가수 이찬원씨가 고속도로
에서 시동이 꺼져 위기에 처한 일가
족을 도운 사연이 뒤늦게 알려졌다.

지난달 31일 한 온라인 커뮤니티
에는 '가수 이찬원씨 정말 감사했습
니다'라는 제목의 글이 올라왔다. 작
성자 A씨에 따르면 해당 사건은 지
난달 29일 밤 9시 30분경 발생했다.

A씨는 "저희 부부는 퇴근 후 30개월 된 아기와 셋이 강원도 양양에
계시는 외할머니를 뵈러 가고 있었다. 그러다 강릉방향 횡성휴게소를
1km 앞둔 상황에서 갑작스러운 차량 결함이 발생했다. 강원도 특성
상 커브길이 많은 아주 위험한 구간에서 차 시동이 꺼져버렸고, 갓길
이 유난히 좁아 3차선에 절반가량 걸친 채로 정차해 있었다"라고 당

시 상황을 설명했다.

A씨는 "사고접수 후 기다리는 동안 커브길이라 비상등이 무의미할 정도였고, 속도를 내며 달려오는 차들로 인해 삼각대 설치도 쉽지 않았다. 그러는 동안 여러 번의 접촉 위험이 발생했다. 30개월 아이가 있어 너무 길고 무섭게 느껴진 공포의 시간이었다"라며 "워낙 위급상황인지라 아이와 저를 계속 걱정하던 남편은 염치없지만 급정차한 차량으로 달려가서 아이와 저를 1km 앞 황성휴게소까지만 태워 달라 부탁드렸다. 그분들은 차량에 네 분이 타고 계셔서 불편한 상황이셨는데 흔쾌히 허락해주셨다"라고 했다.

이어 "그 상황에서도 차에 계신 분들이 참 잘생기셨다는 생각이 들긴 했다"면서 "조수석에 타계시던 남성분이 저희 남편에게 차 뒤쪽으로는 절대 가지 마시고 조심하시라며 안전을 걱정해주셨다. 차안에 다른 분들도 우는 아기랑 저를 보고 너무 위험한 상황 같다며 많이 놀라셨겠다고 계속 걱정해주셨다"라고 했다.

A씨는 "정말 감사했지만, 놀란 아이가 계속 울어서 휴게소에 도착하자마자 정신없이 내리는 바람에 감사하다 인사 말고는 아무것도 못하고 바로 바람을 피해 휴게소 안쪽으로 아이를 안고 뛰었다"라며 "보채는 아이를 안고 달래고 있는데, 한분이 다시 오셔서는 '많이 놀라셨을 텐데, 따뜻한 거 드시고 마음 좀 진정하세요'라며 음료 두병을 주셨다. 감사한 마음에 연락처 알려주시면 꼭 사례하고 싶다고 핸드폰을 내미는데, 아차 싶어서 온몸이 얼어버렸다"라고 했다.

정의와 공정

A씨는 "(상대방이) 이찬원씨였다. 연예인들 다들 방송과 실생활은 다르겠지 생각했는데, 이찬원씨 덕분에 생각이 완전히 바뀌었다. 이렇게 인성까지 완벽하실 줄이야"라며 "찬원씨, 정말 감사했다. 덕분에 저희 가족 어느 누구도 다치지 않고 무사할 수 있었다. 이 은혜 절대 잊지 않고 저 역시 베풀며 살겠다"라고 했다.

이 같은 글과 관련 이찬원 소속사 측은 언론 인터뷰에서 "해당 사연 속 인물은 이찬원이 맞다"고 밝혔다.

20

'학폭 논란' 속 빛나는
'월드스타' 김연경의 선행 스토리

문화일보 OSEN 2021.02.23.

배구계에 학교 폭력 논란이 계속되는 가운데 '월드스타' 김연경(흥국생명)의 선행이 뒤늦게 알려져 감동을 주고 있다. 한 배구팬은 22일 유명 커뮤니티에 김연경과 관련된 미담을 공개했다.

자신을 여자 배구팬이자 배구가 아닌 타 종목 선수 출신이라고 밝힌 작성자는 "김연경 선수는 저의 고등학교 시절 코치님과의 인연으로 저희 학교 숙소에 놀러 오시게 되어 처음 알게 됐다. 그때도 김연경 선수는 흥국생명 소속으로 실력 있고 인정받는 스타였다"고 전했다.

또 "김연경 선수가 숙소에 놀러 오신다고 해서 너무 들뜨고 설렜던 기억이 아직도 있다. 저희 먹으라고 바나나 한 박스, 파인애플 한 박스, 아이스크림을 엄청 많이 사 오셔서 '역시 스타는 통도 크구나'라고 생각했던 게 기억난다"고 덧붙였다.

작성자는 "김연경 선수에게 다가가기 어려워 그냥 눈치만 보고 있었는데 먼저 와서 배구도 같이 하고 저희가 하는 종목도 함께 하면서 놀았다. 1박 2일 동안 함께 친해지면서 사인도 받고 사진도 찍었다. 그렇게 헤어졌고 당연히 김연경 선수와의 인연도 거기서 끝인 줄 알았다"고 말했다.

작성자는 몇 달 후 선수 생활을 이어가지 못할 만큼 큰 부상을 당해 수술 후 장기 입원하는 신세에 처했다.

"모든 세상이 끝난 것 같았고 너무 힘들어서 죽고 싶은 심정이었다. 그러던 어느 날 김연경 선수가 제가 입원한 병원에 병문안을 오셨다. 아직도 잊지 못하고 생생하게 기억이 난다. 김연경 선수가 걸어 들어오는데 꿈인가 싶었고 모든 병원 사람들의 시선이 김연경 선수에게 향했다. 저희 엄마에게도 어머님~ 어머님~ 하면서 재미있게 이야기 해주시고 좋은 말씀도 많이 해주셨다."

김연경의 깜짝 병문안에 다시 힘을 얻게 된 작성자는 부정적인 생각을 버리고 재활에 최선을 다했다. "그때를 생각하면 정말 감사할 따름이다. 재활할 때 소고기도 사주시고 응원해주셨다. 요즘 매일 배구 경기를 보는데 엄마도 그때 김연경 선수에게 너무 고마웠다는 말씀을 종종 하신다."

선수 생활을 접고 교단에 선 작성자는 "저는 지금 교사가 되어 학교에서 근무하고 있는데 학생들에게 인성 교육을 할 때 김연경 선수의 인성에 대한 이야기를 한다. 1박 2일 동안의 인연만으로도 충분히 감사한다. 종목도 다르고 보잘것없는 고등학생인 제게 운동선수 후배라는 이유로 이렇게 잘 챙겨주시는 걸 보고 주변 사람들은 더 소중하게 여길 거라 생각한다"고 감사 인사를 전했다.

또 "평소 여자배구는 안 보다가 김연경 선수가 복귀하기 시작하면서 보게 됐는데 이번 사건들도 잘 해결되고 김연경 선수도 부상 없이 시즌 잘 마무리하길 기도하겠다. 또 이 기억 평생 잊지 않겠다"고 글을 마쳤다.

정의와 공정

21

사회공헌활동 실천한 추신수,
10억원 기부 '드림랜딩 프로젝트' 실시

스포츠조선 박상경 기자 2021.09.10.

사진제공 SSG 랜더스

[스포츠조선 박상경 기자] SSG 랜더스 추신수(39)가 의미 있는 사회 공헌 활동에 나선다.

추신수는 10일 모교인 부산 수영초와 부산중, 부산고에 각각 1억원과 2억원, 3억원씩 총 6억원의 기부금을 전달했다. 이번 기부금은 해당교 야구부 선수들의 장학금 및 훈련시설 개선 용도로 활용된다. 추신수는 기부금 전달 및 후배들과 기념사진 촬영 및 만남의 시간을 가졌다.

추신수는 올 시즌을 앞두고 SSG와 계약하면서 연봉 총 27억원 중 10억원을 사회공헌활동에 기부하기로 결정한 바 있다. SSG는 '선수 본인의 적극적인 의지를 담아 어린이들이 자신의 꿈(Dream)에 무사히 착륙(Landing)하기를 응원하는 바람에서 드림랜딩(Dream Landing) 프로젝트를 추진하기로 했다'고 설명했다.

이번 활동을 시작으로 추신수와 SSG는 다양한 사회공헌사업을 펼친다. 인천지역 유소년 야구 선수들의 훈련 인프라 확충을 지원하는 '꿈의 구장 프로젝트', 그리고 인천 소외계층 아동들의 학습환경 개선을 후원하는 '꿈의 공부방 프로젝트'가 이어진다. 또 인천사회복지공동모금회를 통해 인천지역 소재 학교 야구부 15개처, 보육원과 소규모 공동생활가정인 그룹홈(Group home)에도 환경개선을 위한 다양한 기부 활동을 이어나갈 계획이다.

추신수 선수는 "미국에 있을 때부터 미래의 주역인 어린이들에게 성공적인 인생을 살 수 있도록 보다 좋은 환경과 기회를 만들어주고 싶었다. 다만 먼 타국에 있다 보니 이를 실천하기가 어려웠는데, 올해 KBO리그에 오게 되면서 기부를 결심하게 됐다"고 말했다. 이어 "지금의 내가 있기까지 모교가 든든한 버팀목 역할이 돼주었던 것처럼, 나 또한 모교 후배들의 성장에 발판을 마련해주고 싶었다"며 "우리 팀 연고지역인 인천의 어린이들이 마음껏 운동하고 공부할 수 있는 환경 조성에 조금이나마 보탬이 됐으면 좋겠다"고 소감을 밝혔다.

한편, 추신수 선수는 2011년 아내와 함께 87만 5,000달러를 출자해 설립한 '추신수 재단'을 통해 다년간 국내외에서 다양한 자선활동을 전개해오고 있다.

정의와 공정

22

아이유-이브자리,
취약계층 어르신에 침구 300채 기부

한국경제 김병근 기자 2021.09.17.

이브자리는 전속모델 아이유와 함께 '한가위 온기 나눔' 캠페인을 통해 취약계층 어르신을 위한 침구 300채를 공동 기부했다고 17일 밝혔다.

이번 캠페인은 기념일마다 선행을 이어오고 있는 아이유의 데뷔 13주년을 맞아 기획됐다. 고현주 이브자리 홍보팀장은 "소외 이웃 없는 추석 명절을 만들고자 사회적으로 고립된 취약 노인을 위해 나서기로 뜻을 같이했다"고 설명했다. 아이유는 2008년 데뷔 이후 특별한 기념일마다 팬클럽인 '유애나'와 함께 어려움을 겪고 있는 소외 계층 등을 위해 지속적으로 기부해왔다.

기부 물품인 차렵 이불 300채는 보건복지부 위탁기관 독거노인종합지원센터를 통해 전국 노인맞춤돌봄서비스 수행기관 8개소 연계 어르신들에게 전달될 예정이다. 이브자리가 기부한 침구는 진드기가 기피하는 천연 성분으로 가공 처리한 항균 차렵 이불이다. 사용감이 쾌적하고 수면 중 적정 체온 유지를 도와 신진대사 변화로 체온 조절에 어려움을 겪는 고령층이 사용하기에 적합하다는 평가다.

23

28년간 130억 기부한 '자린고비 병원장'

조선일보 김준호 기자 2021.03.20.

하충식 창원한마음병원 이사장⋯ 소형차 타고, 겨울 난방비 아껴
교통사고 유자녀 기금 12억 마련, 7년간 저소득층 교복비도 지원

"제 인생의 가치는 '같이'하는 데 있어요. 같이 가면 행복이 두 배가 됩니다. 나눔은 비우는 것이라고 생각하는 사람이 많은데, 하다 보면 오히려 채우는 것이라는 것을 깨닫게 돼요."

한양대학교 창원한마음병원 하충식(61) 이사장은 지난 10일 모교인 경남 진주고를 찾아 장학금 3억원을 지원하겠다고 약속했다. "후배들이 지역을 위해 봉사하는 훌륭한 인재로 거듭나길 바란다"는 당부도 했다. 2011년부터 지난해까지 장학금과 수학여행비 등으로 2억원을 내놓은 데 이어 후배들을 위해 또 지갑을 열었다. 올해 하 이사장은 경남 지역 초·중·고 학생들을 위해 총 12억 4,000만원의 기금을 꾸려 장학금을 주고, 교통사고 유자녀를 지원하는 사업도 벌인다. 하 이사장은 지난 28년간 지역 곳곳에 사회 공헌 활동으로만 130억원을 넘게 썼다.

하 이사장은 '자린고비 병원장'으로 유명하다. 10년 넘게 국산 '아반 떼' 차량을 몰고 다닌다. 이전에는 15년간 소형차 '엑센트'를 탔다. 집 무실 한쪽에 있는 책상은 20년째 사용하고 있다. "보여주기식 아니 냐"며 색안경 끼고 보는 사람도 있었지만, 그는 "20년 가까이 이렇게 사니까 지금은 그런 말들은 쏙 들어갔다"고 말했다.

하 이사장은 병원 창문에 에어 포켓(일명 뽁뽁이)을 붙여 난방비 1,000만원을 절약했다. 그 돈에다 사재를 보태 저소득층 학생 교복 구입비를 지원했다. 2012년부터 7년간 매년 2억원씩 전달했다. 지금 까지 1만 1,000여명이 도움을 받았다. 그는 "경주 최 부자 같은 사람 이 되는 게 꿈"이라며 "절제하고 베풀고 나눌 줄 아는 삶을 살면 그 이 상의 결실이 돌아올 것으로 믿는다"고 말했다. 하 이사장이 사회 공헌 활동에 눈을 뜨게 된 것은 부모님의 영향이 컸다. 그의 아버지와 집안 어른들은 경남 함양에서 장학재단을 만들었다. 47년 전부터 시작한 필봉장학재단이다. 그의 어머니는 "누구라도 사람을 괄시하면 안 된 다"며 낮은 자세를 가르쳤다고 한다.

하 이사장은 특히 아이들에게 관심이 많다고 했다. 그는 "부모의 고 통이 아이들에게 이어지는 것이 가장 안타까웠다"며 "제 손길이 가장 간절한 사람이 누군가 생각했을 때 아이들이 떠올랐다"고 말했다.

하 이사장은 "100여년 전 선교 의사들 도움으로 세브란스 병원이 탄 생했듯이, 의료 환경이 열악한 해외에 병원을 세우는 것이 목표"라며 "저 혼자가 아닌 직원들과 함께하는 꿈이라서 더 의미가 크다"고 말했다.

정의와 공정

24

진주 대안동 '슈바이처'
마지막까지 사람 살리려다…

조선일보 김준호 기자 2021.09.25.

**교통사고 부상자 돕던 이영곤씨, 빗길 미끄러진 車에 치여 사망…
동료 · 지인 · 옛 환자들까지 조문**

고 이영곤 원장. 가족 제공

"데려갈 사람을 데려가야지.
하늘도 참 무심하네요."

지난 23일 오후 7시 경남 진주시 경상대병원 장례식장. 검은색 옷을 입은 70대 여성이 내과 의사 이영곤(62)씨 영정 앞에서 통곡했다. 그는 고인의 유족도, 지인도 아니었다. 문상을 마치고 나온 그는 "나는 이 원장님과 30여 년 전 의사와 환자로 만난 일흔두 살 우영순"이라며 이씨 사망 소식을 듣고 무작정 장례식장을 찾아왔다고 했다. 울음을 삼키던 그가 힘들게 말을 이어갔다. "원장님은 형편이 어려워 검사받을 돈도 없었던 제게 '돈 걱정 하지 말고 검사받고 가시라'며 사비를 털어 치료해주시던 분입니다. 병원에서 저 같은 환자를 돌봐야 할 분을 여기서 봐야 한다니 마음이 무너집니다."

이날 빈소엔 생전 이씨가 보살폈던 환자 10여 명이 찾아와 영정 앞에 머리를 숙였다. 또 다른 70대 환자는 "어떻게 제 형편을 아셨는지, 원장님은 비싼 약값 때문에 우물쭈물하던 제게 '꼭 약국에 가보라'고 하셨다. 약국에 가보니 '원장님이 다 계산하셨다'며 약사가 약통 여러 개를 줬다"고 했다. 이성분(56)씨는 "아파서 찡그린 얼굴로 병원을 찾았지만 늘 웃으면서 나왔던 기억이 많다"고 했다.

이씨는 1996년부터 경남 진주시 대안동 중앙시장 인근에서 작은 내과를 운영한 '동네 병원 원장'이었다. 그런 그가 교통사고 부상자를 도우려다 갑작스러운 사고로 숨졌다는 소식이 전해지자 지인과 동료 의료인은 물론이고 그의 진료실을 찾았던 환자 등이 빈소를 찾아 추모의 뜻을 전했다.

이씨는 개인 병원을 차린 뒤 돈이 모자라거나, 치료비가 없어 머뭇거리는 환자를 그냥 돌려보내지 않았다고 한다. 5년 전부터 이씨 병원에서 일했던 송숙희(56) 간호사는 "병원이 시장 주변에 있고, 내과 특성상 만성 질환자가 많다 보니 형편이 어려운 어르신 환자가 상당수"라며 "원장님은 치료비를 받지 않는 것은 예사였고, 몇 년째 폐결

정의와 공정

핵 환자에게 무료로 약을 처방하기도 했다"고 전했다.

이씨는 1998년부터 매주 3번씩 진주교도소를 찾아 재소자를 진료해 왔다. 고교 친구이자 치과 의사인 김법환(62)씨는 "병원 근무와 비교하면 열악하고 처우도 낮아 의사 사이에선 꺼리는 일인데 영곤이는 마다하지 않았다"고 했다. 진주교도소 관계자는 "진료해줄 의사 구하기가 쉽지 않은데, 원장님은 20년 넘게 이 일을 맡아주셨다"고 했다. 이씨는 점심 식사 시간을 쪼개 교도소 왕진을 갔고, 차 안에서 빵이나 계란으로 끼니를 때웠다고 한다.

평생 주변 사람을 도우며 살았던 그의 죽음도 남을 돕다 생긴 사고 때문이었다. 진주경찰서와 유족 등에 따르면, 그는 지난 22일 오전 11시 53분쯤 진주시 정촌면 남해고속도로 진주나들목 인근 편도 4차로 길을 달리고 있었다. 사천에 있는 부친의 묘소에 홀로 가던 길이었다. 그는 빗길에 미끄러진 SUV 차량이 가드레일을 들이받는 사고를 목격했다. 그냥 지나칠 수 있는 상황이었지만, 이씨는 갓길에 차를 세우고 사고 차량에 다가갔다. 생명이 위급할 수도 있는 운전자를 두고 갈 수 없었던 것이다. 운전자가 가벼운 상처만 입은 것을 확인한 그는 자신의 차로 돌아갔다. 차에 타려는 순간, 뒤에서 오던 승용차가 빗길에 미끄러지면서 그의 차를 덮쳤다. 병원으로 옮겨진 그는 오후 1시 40분쯤 숨을 거뒀다.

발인이 끝난 24일 오후 이씨의 내과 의원에는 진주고 48회 동기생들이 모여들었다. 이들은 "영곤이라서 (사고를 목격하고) 그냥 지나가지 않았을 것"이라고 했다. 이씨는 어려운 가정 형편 속에서도 부산대 의대에 진학했고, 당시 공중보건의 장학금 제도를 통해 의사가 될 수 있었다고 한다. 장학금을 받는 조건으로 지역 공공 기관에서 5년간 의무 근무를 했다. 그는 진주의료원에서 환자를 보면서, 동생 학업을 뒷바라지했다고 한다. 그의 동생은 부산고법 판사를 지내고 지금은 로펌에서 활동하는 이영갑(58) 변호사다.

이씨는 자신에겐 돈 쓸 줄 몰랐던 사람이었다고 한다. 그의 진료실에는 20년 넘게 사용한 청진기, 1996년 개원 당시부터 사용한 1994년산(産) '골드스타'(LG) 선풍기가 놓여 있었다. 문서함이나, 소파 등 집기도 개원 때부터 사용하던 것이라고 했다. 그의 진료실에서 '새것'은 이날 환자들과 친구들이 책상 위에 올려놓은 하얀색 국화꽃 다발이 전부였다.

그의 사망 소식을 미처 전해 듣지 못한 환자들은 이날 진료를 위해 병원을 찾아왔다가 울음을 터트렸다. 한 달에 한 번씩 함양에서 의원을 찾는다는 정영자(79)씨는 "우짤꼬, 우리 원장님. 왜 그래 됐노"라며 간호사 손을 붙잡고 울었다. 이씨는 이날 사고 당일 미처 찾아뵙지 못한 부친의 묘소 옆에 안장됐다. 그는 동갑내기 아내와 30대 남매를 남겼다.

정의와 공정

25

정광숙 ㈜그린알로에 대표
"정도경영으로 알로에시장 혁신"

한국경제 2021.04.19.

2021 대한민국 대표브랜드 대상

코로나 시대를 맞아 차별화된 건강기능식품을 찾는 수요자가 늘어나면서 소비자의 니즈를 반영한 그린알로에 브랜드가 제품력을 인정받으며 어려운 경제 환경 속에서도 빛을 발하며 성장하고 있다. 팬데믹 상황에서 면역력이 화두인 요즘 알로에가 면역세포 활성화에 많은 도움을 줘 알로에 사업에 더 자긍심을 느끼고 있다는 ㈜그린알로에 정광숙 대표(사진)는 그린알로에의 살아있는 레전드로 인정받고 있다.

위염이라는 병을 얻어 우연히 과일가게 주인에게 알로에를 소개받아 싸게 먹고자 알로에 가방을 들었던 것이 벌써 35년째 외길인생이라며 "지나고 보니 앞만 보며 아침 5시부터 밤 12시까지 온종일 알로에만 붙들고 살아왔다. 이제는 일상이 습관이 돼 나의 전부가 바로 그린알로에"라고 소개했다. 그러한 노력은 알로에 시장에 혁신을 일으켰다. 창의적인 아이디어로 제품력의 지표를 제시했고 건강기능식품과 코스메틱 업계의 시장을 선도하는 기업으로 발전해가고 있었다.

정 대표는 "기존 알로에 시장과 견주려면 그린알로에만의 경쟁력이 필요했다. 첫째는 제품력이고 둘째는 회사 시스템이 뒷받침돼야 장수기업으로 성장하겠다 싶어 지금까지도 제품 연구개발에 투자를 아끼지 않고 있다"고 강조했다.

그린알로에는 본사직영체계의 기업으로 전국에 100여개의 지점 네트워크망을 구축하고 있는 여성 전용 일터로 80세가 정년인 꿈의 직장이다. 정 대표는 "영업하는 사람들은 실적에 대한 스트레스와 미래에 대한 보장이 불확실하기 때문에 이직을 많이 하는데 그린알로에는 평생일터가 될 수 있도록 회사 시스템을 본사직영회사로 바꿔 여성 인력들에게 꿈과 희망에 도전할 수 있는 기회를 제공하고 있다"고 설명했다. 정 대표의 정직한 정도경영은 성실한 세금납부로도 이어져 올해 모범납세기업으로 선정돼 대통령 표창도 받았다.

26

아이들의 '동등한 기회'를 위해…
문화·교육·식품 나누는 CJ

한국일보 박지연 기자 2021.01.18.

'동등한 기회, 건강한 성장, 즐거운 나눔' 모토

15년간 150만 아동 · 청소년 지원

CJ도너스캠프 플랫폼, 전국 공부방 네트워크 구축

"성장단계에 맞는 양질의 문화교육 지원해

창의력, 인성함양 및 꿈 실현 도울 것"

CJ 문화꿈지기 마스터멘토링 특강에서 김병필 셰프가 요리시연을 하고 있다. CJ나눔재단 제공

'경험'은 아이들의 성장에 매우 중요하다. 지식과 정보 습득은 물론 세상을 바라보는 시각이나 사고를 넓힐 좋은 '기회'가 되기 때문이다. 특히 문화 체험 및 창작활동은 미래인재의 역량으로 꼽히는 창의력과 인성 함양에 긍정적인 영향을 미친다. 그러나 여전히 기본적인 학업 외 영역으

로 여겨져 아이들 간 격차가 존재해도 공적 차원에서 지원하는 일은 드물다. 사실 그 격차는 아이의 관심사, 재능의 유무보다는 경제력 등 가정환경에 의한 것인데도 말이다.

CJ그룹 사회공헌재단 CJ나눔재단이 '아동·청소년의 문화꿈지기'를 대표 사회공헌활동으로 내세우는 이유다. CJ나눔재단은 "교육 불평등으로 인한 가난 대물림은 안된다"는 이재현 이사장의 경영철학을 바탕으로 2005년 7월 설립됐다. 지난 15년간 CJ도너스캠프 플랫폼을 통해 전국 4,600여개 공부방(지역아동센터, 그룹홈 등)을 중심으로 150만 명이 넘는 아동과 청소년의 건강한 성장을 후원했다.

아동·청소년 성장 단계 아우르는 맞춤형 지원

CJ나눔재단은 공부방에 필요한 다양한 학업, 예체능, 캠프 프로그램을 지원하고 어린이날 특식, 명절 음식, 연말 김장 등 임직원 봉사와 연계한 식품 나눔도 활발히 진행 중이지만 그중에서도 핵심 활동은 문화를 중심으로 한 교육 지원 사업이다. 대표적으로 객석 나눔 프로그램을 들 수 있다.

문화 중심 교육 나눔에 초점을 맞추는 건 다채로운 문화 체험을 통해 아이들에게 스스로 재능과 흥미를 탐색할 기회를 주기 위해서다. 또 향후 성장 과정에서 새로운 것에 적극적으로 도전하고 문화를 향유하려는 삶의 자세 형성에 영향을 미쳐 심신 모두 건강하게 성장하는 데 기여할 수도 있다고 판단했다.

CJ나눔재단은 설립 15주년을 맞은 지난해 7월 아동 청소년의 '문화 꿈지기'가 되겠다고 공식 발표했다. 기존 사업에서 경험의 단절, 단순 후원 성격 등 보완점으로 지적된 사항들을 개선해 아동·청소년부터 청년까지 성장 단계별 체계적인 문화 교육 및 꿈 실현의 기회를 지원하겠다는 향후 방향을 제시한 것이다.

'문화꿈지기'란 △아동기 열린 문화 체험 기회로 재능과 흥미 탐색을 돕고 △청소년기 동아리 형태의 심화된 문화 창작 교육을 통해 실질적인 역량 향상을 지원하며 △문화산업 진로를 희망하는 청년들에게는 CJ문화재단 지원사업과 연계해 창작자로 활동할 수 있는 기회를 제공하는 등 성장 단계별로 맞춤형 지원이 이뤄질 수 있도록 한 CJ만의 온리원(ONLYONE) 사회공헌 활동이다.

CJ나눔재단 관계자는 "문화산업에서 보유한 인프라를 바탕으로 최고 수준의 문화 체험 기회를 제공해 아동·청소년기 창의력 고취 및 인격 형성을 돕고, 나아가 미래 유망 분야 중 하나인 문화산업에 진로로서도 접근할 수 있도록 돕는 사다리 역할을 강화한다는 계획"이라며 "사회공헌사업의 또 다른 한 축인 CJ문화재단과의 협업도 강화해 나갈 것"이라고 설명했다.

코로나에도 멈추지 않는 문화꿈지기

CJ가 '문화꿈지기'로의 진화를 선언한 2020년, 공교롭게도 우리 사회는 신종 코로나바이러스 감염증(코로나19)으로 인한 전대미문의 변화를 겪었다. 대면 및 집합 활동을 줄여야 함에 따라 모든 일상에서 온라인 방식이 대안처럼 떠오르고 있지만 상호작용이 무엇보다 중요한 교육 분야에선 한계가 지속적으로 지적되고 있다.

CJ나눔재단은 코로나19로 더 앞당겨진 미래 사회로의 변화에 자신의 의지와 상관없이 환경적 이유로 소외될 아동 청소년들을 줄이기 위해서라도 올해 더 적극적으로 문화꿈지기 활동에 나서겠다는 계획이다. 즉 사회 변화의 구체적인 내용을 알 수 있는 현장 중심의 전문가 특강과 온·오프라인 문화 체험 및 창작 교육을 통해 창의력, 복합적 사고능력, 인성 등을 함양할 수 있도록 돕겠다는 것.

우선 초등학교 아동이 많은 공부방에는 영화, 음악 등 문화 분야에서 학습 가이드와 교구재를 동반한 문화체험 기회를 제공한다. 지난해 작년 하반기 400여 공부방을 대상으로 시범사업을 진행했다. 방문 및 전문가 초빙 형태의 문화 프로그램 단절로 인한 교육 공백으로 어려움을 겪던 공부방들로부터 큰 호응을 얻었다. 오히려 물리적 이동 시간 때문에 특정 시설 견학 같은 문화체험이 어려웠던 비수도권 공부방까지 참여할 수 있게 돼 새로운 가능성을 발견하기도 했다. 올해에도 시범사업 당시 나온 의견들을 반영해 보다 발전시킨 버전으로 지속 운영할 예정이다.

청소년기인 중고등학교 학생들에게는 방송, 영화, 공연, 음악, 요리, 패션·뷰티 등 6개 분야 '문화동아리' 활동을 지원한다. 지난해 공모로 선정한 1,000여 명의 청소년들에게는 5개월간 마스터 멘토

정의와 공정

(Master Mentor)를 포함한 전문가 특강과 온·오프라인 문화체험, 창작에 필요한 소정의 활동비 등을 지원했다.

CJ제일제당을 비롯해 CJ ENM, CJ CGV, CJ푸드빌, CJ프레시웨이, CJ올리브영, CJ올리브네트웍스 등 CJ그룹 임직원으로 구성된 멘토단과 해당 전공의 대학생 봉사단이 함께하며 멘토링 효과도 높인다. 문화 창작 활동도 포스트코로나 시대에 맞게 디지털 기술을 활용한 다양한 방식을 제안해 눈길을 끌었다. 올해 활동은 이달 말 온라인 쇼케이스 및 폐회식을 끝으로 마무리되고 다가오는 봄엔 내년 문화동아리 선발을 위한 공모에 들어간다.

CJ 사회공헌추진단장인 민희경 부사장은 "미래 사회 더욱 중요한 역량인 창의력, 융복합적 사고능력, 인성 등을 함양하기 위해 어릴 때부터 다양한 문화 체험 및 창작 교육을 경험하는 것이 중요하다"며 "이를 바탕으로 아이들이 달라진 사회에 맞게 더 다양한 꿈을 꾸고 또 이룰 수 있도록 지속적으로 지원하는 것이 재단 설립자의 의지"라고 말했다.

27

SPC 허영인 회장 농가돕기 3탄,
논산 딸기 대량 매입

조선일보 장상진 기자 2021.02.24.

SPC그룹이 전국 최대의 딸기 산지인 충남 논산 지역 딸기를 대량 구매한다. 코로나 사태로 학교 급식과 해외 판로가 막히고 폭설·한파까지 겹치며 피해를 입은 농가들을 돕는다는 취지다.

SPC그룹은 논산시와 '농산물 소비 활성화를 위한 상생협약'을 체결하고, 충남 논산 대표 작물인 딸기와 토마토 등 농산물 1,000t을 사들이기로 했다고 24일 밝혔다. SPC그룹은 이번에 사들이는 농작물로 다양한 신제품을 내놓을 계획이다.

딸기 신품종 재배 확대도 지원한다. 논산 딸기연구소는 설향, 비타베리, 킹스베리 등 단단함과 향, 당도가 좋은 신품종을 많이 개발했지만, 코로나 사태로 항공화물 운송료가 급등하며 해외 수출에 어려움을 겪고 있다. SPC그룹 연구진은 논산시와 함께 '비타베리' 재배를 확대해 제품에 도입하고 수출 판로 확대도 돕기로 했다.

SPC그룹은 코로나 사태로 인한 농가 피해가 본격화하던 작년 9월 허영인 회장의 상생 경영 철학에 따라 '행복상생 프로젝트'를 시작했다. 이번 딸기 매입은 강원 평창군 감자 농가, 제주 구좌당근 농가 돕기에 이은 세 번째 프로젝트다.

28

아픈 아이들에게 장난감 선물…
코로나 시대에 빛난 농심의 나눔

한국일보 이소라 기자 2021.01.11.

농심, 백혈병 소아암 환아들과 '특별한 인연'

2018년 '백산수'로 시작… 장난감 · 도서 선물

코로나19 사태에 헌혈 캠페인 · 마스크 기부도

한국백혈병소아암협회 직원들이 지난해 5월 백혈병 소아암 환아들에게 전달할 농심 '심심 키트'를 포장하고 있다. 농심 제공

"아이가 농심 심심키트에 있는 장난감 덕분에 즐거운 시간을 보내고 있어요. 코로나19로 외출은 못했지만, 우리 아이에게는 특별한 생일 선물이 된 것 같아요."

최근 농심으로부터 특별한 선물을 받은 백혈병 소아암 환아의 어머니는 농심에 감사한 마음을 전했다. 농심은 지난해 5월부터 백혈병 소아암 환아들을 대상으로 장난감 등 다양한 선물을 하고 있다. 환아의 생일과 '제2의 생일'이라고

정의와 공정

불리는 골수 이식기념일에 맞춰 선물을 전달하는 '심심(心心)키트' 프로그램이다.

농심이 처음 환아들을 돕기 시작한 건 2018년이다. 면역력이 약한 환아들을 위해 '백산수' 지원에 나선 것을 시작으로 지금까지 여러 지원 사업을 벌이고 있다. 지난해 신종 코로나바이러스 감염증(코로나19)으로 경제활동이 움츠러들었던 때도 농심은 지원 규모를 확대하며 환아들과의 인연을 이어갔다.

'백산수'로 시작한 인연⋯ '개인 맞춤형' 지원으로 발전

농심은 2018년 한국백혈병소아암협회와 협업해 협회에서 운영하는 전국 10여개 센터와 쉼터 및 200여 명의 환아 가정에 매달 백산수를 지원하기 시작했다. 면역력이 약해진 환아들은 마시는 물도 예민하게 따져야 한다는 사실을 고려, 백두산 천연 원시림에 수원지를 둔 깨끗한 물을 제공한 것이다. 이전까지 가족들은 환아를 위해 정수기물 또는 수돗물을 끓이거나 생수를 준비해야 했다. 편의상 생수를 준비하려 해도 경제적인 부담에 시달리는 경우가 많았다.

백산수를 지원받은 환아 가족들은 깨끗한 물을 준비해야 하는 부담이 줄었다며 고마워했다. 백산수를 지원받고 있는 한 환아의 어머니는 "백혈병소아암 환아는 마시는 물부터 작은 생활습관까지 세심하게 챙겨야 할 부분이 많다"며 "다른 이들에게는 작은 도움일 수도 있겠지만, 환아를 둔 부모의 입장에서는 (백산수 지원이) 무엇보다 큰 힘이 되고 있다"고 말했다.

지난해 농심은 백산수 지원 대상을 300가구로 늘렸다. 이 가정들은 매달 500ml 백산수를 3박스씩 지원받고 있다. 농심 관계자는 "환아들의 건강이 좋은 물에서 출발한다고 보고, 경제적 부담 없이 생수를 마실 수 있도록 백산수 지원을 시작했다"며 "환아와 부모님들이 편지를 보내올 만큼 백산수 지원에 대한 만족도가 높다"고 설명했다. 농심은 종료 시점을 정해두지 않고 환아들이 건강을 되찾을 때까지 백산수 지원을 이어갈 방침이다.

해가 가면서 농심의 사회공헌활동은 환아들 개개인을 위한 '맞춤형' 지원으로 발전했다. 지난해 5월부터 시작한 '심심키트'는 같은 물품을 일괄적으로 지급하는 것이 아니라 환아 개개인의 나이와 성별, 개인적 취향을 고려해 장난감, 도서, 생필품 등 다양한 품목으로 구성한다. 심심키트는 백혈병소아암협회의 지원을 받는 전국 160여 명의 환아들에게 전달된다.

코로나19 사태에⋯ 헌혈하고 마스크 기부

코로나19 사태 속에서도 농심의 사회공헌활동은 힘을 발휘했다. 농심은 2018년부터 해마다 사내 임직원 헌혈 캠페인을 통해 헌혈증을 모아 환아들에게 전달하고 있는데, 코로나19가 닥친 지난해 특히 환아들에게 큰 힘이 됐다는 후문이다.

코로나19로 헌혈자가 급감하면서 혈액부족 사태가 일자 예년보다 더 많은 임직원이 헌혈에 참여했다. 지난해 7월 서울 동작구 본사와 지방 공장 임직원들은 헌혈증 약 430장을 모아 백혈병소아암협회에 기부했다. 헌혈증은 치료 과정에서 조혈기능 저하와 혈소판 감소증으로 수혈이 필요한 환아들에게 전달됐다.

농심 관계자는 "사전예약을 받고, 온라인 문진을 진행하는 등 헌혈의 편의성을 높이고 방역 조치에 신경쓰면서 임직원들이 안심하고 헌혈을 할 수 있게 해 참여율을 높였다"고 설명했다.

또 지난해에는 코로나19 확산으로 마스크를 구하는 데 어려움을 겪는 환아들을 위해 마스크 기부 캠페인도 진행했다. 면역력이 약한 환아들은 마스크 착용이 필수인데, 마스크 품귀 현상으로 고충을 겪는다는 소식을 듣고 임직원들이 자발적으로 아이디어를 냈다.

임직원들은 가족과 집에 머물거나 마스크를 재사용하는 식으로 십시일반 마스크 2,100여 장을 모았다. 이렇게 모인 마스크는 백혈병소아암협회를 통해 전국의 환아들에게 전달됐다.

사회공헌단, 지역사회·재해지역 도움도

농심이 체계적으로 환아를 도울 수 있었던 건 2007년 발족한 사회공헌단이 별도로 사회공헌활동을 진행하고 있기 때문이다. 사회공헌단은 '내가 가진 것을 나누고 함께 행복을 추구한다'는 '농심철학'을 바탕으로 매년 다양한 활동을 전개한다.

재해지역 긴급구호, 지역사회 소외계층 돌봄이, 협력업체와의 동반성장 등도 사회공헌단이 힘을 쏟는 활동들이다. 사회공헌단은 지난해 8월 집중호우로 피해를 입은 충청북도와 경기 일부 지역에 신라면 컵라면 2만개와 백산수 2만병을 지원했다. 전국재해구호협회를 통해 코로나19 확산으로 어려움을 겪는 대구·경북 지역에는 신라면 20만 개를 긴급 지원하기도 했다.

정의와 공정

'꿈의 격차' 줄인다…
이재용이 직접 챙긴 '드림클래스' 개편

한국경제 노정동 기자 2021.09.01.

삼성이 팬데믹(세계적 감염병 대유행) 이후 달라진 교육 환경에 대응하고, 우리 사회와 청소년 교육에 실질적으로 기여하기 위해 교육 방식과 내용, 대상 등을 바꾼 '드림클래스 2.0'을 시작한다.

이재용 삼성전자 부회장이 2016년 1월 대전 충남대에서 열린 삼성의 교육 사회 공헌 프로그램 '드림클래스' 현장을 방문해 참가자들과 기념촬영을 하고 있다. 삼성전자 제공.

삼성 드림클래스는 이재용 삼성전자(76,600 +0.79%) 부회장이 2015년과 2016년 교육 현장을 직접 찾는 등 각별히 챙기고 있는 사업이다.

삼성은 1일 서울 서초동 삼성금융캠퍼스에서 '드림클래스 2.0' 기념 행사를 온라인으로 개최했다고 밝혔다. 온라인 교육 플랫폼으로 전면 개편된 교육 방식과 진로 탐색, 미래 역량 강화 등 신규 교육 콘텐츠를 공개했다.

학생들은 기존의 영어 · 수학 등 기초 학습 위주의 교육을 넘어 앞으로는 진로를 직접 설계하는 과정을 체험하며 '미래의 꿈'을 그려보고, 4차 산업혁명 시대에 필요한 소통 · 글로벌 역량 · SW 강좌 등의 교육을 추가로 받게 된다.

삼성은 2012년부터 교육 격차 해소를 위해 교육 환경이 열악한 중학생들에게 우수 대학생 멘토가 직접 영어와 수학을 가르치는 드림클래스를 운영해 왔다.

지난 9년간 8만 4,000명의 중학생과 2만 4,000명의 대학생 멘토가 참여했고, 드림클래스에 참여했던 중학생이 대학에 진학한 뒤 멘토로 다시 참여하고, 멘토 출신 대학생들이 삼성에 입사하는 등 선순환 구조도 만들어졌다.

지난해 코로나19 감염 위험이 전국으로 확산됨에 따라 중학생과 대학생이 직접 만나 학습을 진행하던 드림클래스는 참여자들의 안전을 위해 비대면 방식으로 일부 운영됐으며, 1년여의 기간 동안 전면적인 개편 작업을 거쳐 이번에 새로운 드림클래스로 재편됐다.

드림클래스 2.0은 오프라인 방식에서 온라인 중심으로의 전환뿐만 아니라 사업의 철학과 목적, 내용에 있어 기존과는 완전히 다른 사업으로 변화했다. 올해 우선 5,000명의 중학생을 대상으로 시작하고 향

정의와 공정

후 사업 대상을 확대할 예정이다.

삼성은 사업의 목적과 방향을 기존의 교육격차 해소에서 '꿈의 격차'를 해소하는 것으로 새롭게 설정했다.

교육 복지가 확대되고 있음에도 불구하고 사회 양극화가 더욱 심해지면서 어려운 형편의 학생들은 교육의 기회 부족뿐만 아니라 꿈이 없어 공부를 해야 할 이유 자체를 찾지 못하는 상황에 주목했다는 설명이다.

드림클래스 2.0은 학생들이 스스로 꿈과 진로를 찾아갈 수 있는 '진로 탐색' 프로그램을 제공한다. 진로 분야 전문가와 협력해 학생 개개인의 잠재력, 직업 적성을 파악할 수 있는 진단 도구를 제공하고 다양한 진로에 대한 상담과 학습, 체험 기회를 제공할 예정이다.

유은혜 사회부총리 겸 교육부장관은 "삼성 드림클래스가 계속 성장하고 발전해 학생들의 든든한 울타리가 되기를 바란다"며 "교육부도 학생들이 꿈을 찾고 역량을 키워나갈 수 있도록 적극 지원하겠다"고 말했다.

성인희 삼성사회공헌업무총괄 사장은 "개편된 드림클래스는 학생들이 자신의 적성과 잠재력을 발견하고 장래 희망을 설계해 나가는 '꿈의 여정'에 중점을 뒀다"며 "대한민국의 미래인 청소년의 성장과 도약을 위해 삼성이 언제나 함께할 것"이라고 말했다.

지금 이 지구촌에는 인공지능, 로봇, 사물인터넷, 빅데이터, 모바일 등 첨단 정보통신 기술이 기존 산업 및 서비스에 융합되어 혁신적인 변화가 나타나는 4차 산업혁명에 관한 경쟁이 치열합니다.

지속적인 국가 발전을 위해서는 과학기술 발전에 몰입해야 하겠지만 그렇다고 정신세계를 간과해서는 안 될 것입니다.

어느 나라든 4차 산업의 진정한 승패는 미래세대들의 창업정신 및 창의력에서 발아되어 그 발전 과정에서 물질문명과 정신문화가 어느 정도 조화를 이루었느냐에 따라 좌우될 것입니다.

창업정신과 창의력은 식물의 새순과도 같습니다. 일찍부터 가꾸고 길러야 할 것입니다.

2장

창의력·4차 산업혁명의
히든챔피언

과학과 인문학이 만날 때…
창의력은 폭발한다

동아일보 이호재 기자 2021.01.16.

풀리처상 수상한 하버드대 교수

창의성 원천으로 '인문학' 주목

"과학은 예측 가능한 현실 탐구, 인문학은 환상의 세계까지 다뤄

두 가지 융합할 때 창의력 확장"

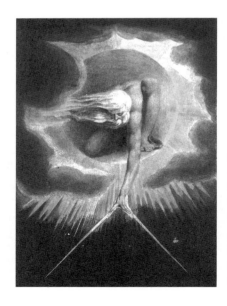

중세 화가 윌리엄 블레이크는 '예부터 계신 이'(1794년)에서 신 유리젠을 인류에게 한 가지 사고방식을 강요하기 위해 과학을 창안한 악한 존재로 표현했다. 그러나 저자는 "과학은 우리가 어디로든 선택한 곳으로 가고자 할 때 무엇이 필요한지 알려주고, 인문학은 과학이 무엇을 만들어 내든 그것을 갖고 어디로 가야 할지를 알려준다"고 말한다. 사이언스북스 제공

정의와 공정

'창의성이 경쟁력'이라는 말도 옛말이 된 시대다. 창의성은 이미 경쟁력이 아닌 필수가 돼 버렸다. 애플 아이폰으로 정보기술(IT) 업계에 혁신을 불러온 스티브 잡스, 페이스북으로 사람을 잇는 새로운 방법을 제시한 마크 저커버그, 테슬라 전기자동차와 스페이스X 우주선으로 이동 산업을 뒤흔드는 일론 머스크 등의 남다른 창의성에 세계는 감탄한다. 저들이 어떻게 창의성을 키웠는지 관심을 기울이고 자녀를 그렇게 키우고 싶어 하는 부모도 많다.

미 하버드대 교수이자 퓰리처상을 2번이나 받은 저자는 창의성은 어디서 오고, 어떻게 발휘될 수 있는지를 파헤친다. 이를 통해 아직도 미지의 세계에 남아 있는 창의력을 확장하자는 것이다. "바야흐로 제3차 계몽시대를 열고 있다"는 추천사처럼 저자는 창의성이 인간을 계몽할 수 있는 유일한 방법이라 역설한다.

저자가 창의성의 뿌리로 주목하는 건 '인문학'이다. 인문학처럼 무엇인가를 해석하는 능력이 인간을 '동물'에서 해방시켜 인간으로 만드는 근원이라는 것이다. 예를 들면 원숭이는 한 개체가 고구마를 물에 씻는 모습을 본 뒤 그대로 따라하지만 인간은 언어로 이를 전달한다. 소설가 마르셀 프루스트(1871~1922)의 문장은 자연현상을 그대로 전달하는 것이 아니라 복합적인 감정을 표현하는 데 이른다.

그러나 인문학은 힘을 잃어가고 있다는 게 저자의 생각이다. STEM(과학, 기술, 공학, 수학) 같은 분야에 밀려 연구 지원금이 줄고 일자리 경쟁에서도 밀린다는 것이다. 대안으로 저자는 인문학이 과학에 조금 더 개방적이 되어야 한다고 주장한다. 과학이 세상 만물의 궁극적 원인을 찾으려고 애쓰면서 세상이 발달했지만 인문학은 이를 응용하기 위해 노력하지 않았다고 지적한다. 생물학의 틀을 넘어 다양한 영역에서 창의적으로 활용되고 있는 다윈의 진화론처럼 과학을 이용할 필요가 있다고 조언한다.

저자는 구체적으로 고생물학, 인류학, 심리학, 진화생물학, 신경생물학 등 '빅 파이브(Big Five)'를 "인문학의 우군"으로 삼아야 한다고 주장한다. 빅 파이브가 "자연 선택이 구석구석까지 프로그래밍해" 온 인간의 생물학적 본질을 밝혀 준다는 것. 인문학의 토대인 인간 본성과 인간 조건을 해명할 열쇠가 될 것이라고 단언한다.

이 주장은 과학만이 유일한 진리라는 '과학 제국주의'로 경도되지는 않는다. 과학적 사실을 판단하는 역할을 인문학이 해야 하기 때문이다. "과학이 인문학의 토대가 된다면, 인문학의 범위가 더 넓어진다"며 "과학 이론이 상상할 수 있는 모든 현실 세계를 다루지만, 인문학은 한 걸음 더 나아가 무한히 많은 모든 환상 세계까지 다룬다"고 한다.

인문학과 과학이 융합되면 창의성이 이상적으로 발휘된다는 게 저자의 설명이다. 과학의 발달로 우주 탐사가 이뤄지자 각종 SF 소설과 우주 영화가 쏟아져 나왔다. 예술작품을 보고 영감을 받은 이들이 다시 과학자가 돼 우주를 연구한다. 예술작품이 내놓은 가설을 과학적 방법으로 증명해내기도 한다. 이를 통해 새로운 계몽운동이 가능할

정의와 공정

것이라고 결론을 맺는다. "과학과 인문학의 관계는 철저히 호혜적"이라며 "과학이 인문학의 토대가 된다면 인문학의 범위가 더 넓어진다"고 역설한다. 과학이 죽어가는 인문학에 숨결을 불어넣을 수 있을까.

《창의성의 기원》
에드워드 윌슨 지음 · 이한음 옮김 272쪽 · 1만 9,500원 · 사이언스북스

2

젊은이들에게서
희망을 본다

문화일보 박성현 前 한국과학기술한림원 원장 2021.07.02.

**야당에 출현한 30代 정치지도자
변화 갈구하는 우리의 모습 반영**

**공정 추구하고 디지털에 익숙한
2030세대가 나라 발전 원동력
최근 부산 한 고등학교서 강연
고교생들의 지적 열정에 뿌듯**

박성현 前 한국과학기술
한림원 원장

얼마 전 고등학생들에게 강연할 기회가 있었다. 진지하게 강연을 듣는 고교생들의 초롱초롱한 눈망울과 호기심 많은 질문 등을 접하면서 장차 우리나라의 희망을 봤다. 이들이야말로 우리의 미래임을 새삼 확인했다.

한국과학기술한림원에서는 '한림원 석학과

정의와 공정

의 만남'이라는 과학 강연 프로그램을 시행하고 있다. 희망하는 고등학교에 한림원 석학을 파견해 강연케 하면서 고교생들에게 과학기술에 대한 학구적 호기심과 미래에 대한 기대감을 불어넣어 주는 프로그램이다. 필자가 이번에 강연한 주제는 '인공지능과 빅데이터 시대, 우리 사회의 미래 변화'였다. 학교는 부산에 있는 만덕고등학교였는데, 고교생들의 자유분방하고 천진난만하면서도 지식 추구에 열정적인 모습에서 우리의 미래를 봤다.

우리나라 반만년 역사에서 대한민국이 지금처럼 인구도 많고 잘 살던 시기는 없었다. 우리나라는 30-50클럽(1인당 국민소득 3만 달러 이상, 인구 5,000만 명 이상인 국가)에 가입한 7번째 국가다. 우리나라보다 먼저 가입한 나라는 미국, 일본, 독일, 프랑스, 영국과 이탈리아뿐이다. 명실공히 대한민국은 세계 경제에서 큰 비중을 차지하는 경제대국인 것이다.

한반도 전체 인구는 남한 약 5,200만 명, 북한 약 2,500만 명, 그리고 외국에 나가 있는 한국인 약 700만 명을 합치면 8,000만 명이 넘는다. 100여 년 전인 1919년 3 · 1독립운동이 일어났을 당시 한반도의 인구가 2,000만 명에 지나지 않았던 것과 비교하면 인구 측면에서도 경이적으로 흥성한 나라다.

1950년에 6 · 25전쟁으로 나라가 폐허가 됐고, 1962년에 처음으로 제1차 경제개발 5개년 계획을 시작하던 당시 1인당 국민총소득(GNI, 우리나라 국민이 국내외에서 벌어들인 총소득)은 약 80달러에 지나지 않았다.

지난 60년간 온 국민이 힘을 합쳐 각고의 노력으로 300배가 넘는 3만 달러 이상의 1인당 GNI를 올렸으니 참으로 놀라운 일이다. 그리고 우리의 산업도 폐허에서 출발해 기적적인 성장을 거듭하여 조선 · 가전 · 자동차에서부터 반도체와 휴대전화에 이르기까지 세계적인 제품이 많다. 대단히 자랑스러운 나라다.

1960~1990년대의 산업화와 민주화 과정을 거치면서 우리나라는 '한강의 기적'이라는 경이적인 성장을 이루었다. 그러나 2000년대 정보화 시대에 접어들면서 경제 성장이 매우 둔해졌다. 2006년에 처음으로 1인당 GNI가 2만 달러에 진입한 이후 무려 11년 만인 2017년에 3만 1,734달러로 3만 달러 대열에 처음으로 합류했다. 그리고 2018년에 3만 3,564달러로 높은 성장을 보였으나, 2019년에 3만 2,204달러, 2020년에 3만 1,881달러로 줄어드는 등 최근 들어 역주행하고 있다. 앞으로 3만 달러를 지켜내기도 버거워 보인다.

최근 몇 년간 일부 잘못된 국가 정책들(자유민주주의 시장경제의 훼손, 한 · 미 · 일 간의 관계 경색, 잘못된 소득주도성장 정책, 탈원전 정책으로 인한 원전 생태계 붕괴 등)로 경제 성장이 제자리걸음하고, 성장의 원동력인 과학기술과 산업발전에 어려움이 발생하고 있다. 그리고 국민의 행복도가 떨어지는 현상이 발생하고 있으며, 지난해부터는 코로나19로 사회 전체가 활력을 잃고 있어 매우 염려된다. 이러한 어려운 과제들이 우리 국민을 엄습하고 있고, 아직도 그 끝이 보이지 않아 국민을 불안하게 한다. 게다가 일부 좌절한 국민 가운데 한국을 떠나는 사람도 있는 게 현실이다. 그러나 어두운 밤이 지나가면 새벽이 오듯, 조만간 새로운 반전이 시작될 것이고, 미래의 희망을 보게 될 것으로 믿는다. 그 미래의 희망을 젊은이들에게서 실감하고 있다.

30대의 젊은 정치 지도자가 야당에서 나온 것은 그동안 우리 사회가 정치권의 변화에 얼마나 목말라 있었는지를 잘 보여준다. 민심은 새로운 시대를 갈망하고 있다는 뜻이다. 지금은 산업화·민주화·정보화 시대를 넘어 데이터 기반의 4차 산업혁명 기술(빅데이터, 인공지능(AI), 사물인터넷(IoT) 등)들로 대표되는 디지털 변혁 시대로 접어들고 있다. 우리 국민은 어려움을 극복할 수 있는 순발력과 용기, 지혜를 가지고 있다. 그러기에 20세기에 한강의 기적을 이루었듯이 21세기에는 새로이 부흥하는 국가를 젊은이들이 중심이 돼 만들어 갈 것으로 확신한다.

무엇보다, 애국가의 한 구절 '하느님이 보우하사'와 같이 하늘도 우리 국민에게 힘을 보태주고 있음을 느낀다. 그래서 다시 희망차고 밝은 미래로 나아갈 것으로 확신한다. 그 밝은 미래로 나아갈 수 있는 원동력으로 2030세대(또는 MZ세대)를 꼽고 싶다. 이들은 디지털 환경에 익숙하고 개성이 강하며 창의적이다. 그뿐만 아니라 노력에 비례하는 공정성을 추구하고, 지식·운동·취미 등에서 자기관리가 철저하다. 특히, 10대 후반 고교생들의 천진난만한 밝은 미소와 학구적 호기심 등에서 우리의 미래를 본다. 이들이 우리의 미래인 셈이다. 이들이 나라의 동량(棟梁)이 될 수 있도록 기성세대엔 이들을 보듬고 좋은 환경을 만들어 힘을 실어줘야 할 책임이 있음을 말해 두고 싶다.

3

[2030 칼럼]
청년에게는 '기회의 땅'이 필요하다

부산일보 주영은 청년 인터넷 언론 '고함20' 기자 · 공모 칼럼니스트 2021.10.28.

인류의 역사만큼이나 오래된 〈이솝 우화〉의 '시골 쥐와 도시 쥐' 이야기는 오늘날에도 유효하다. '도시'는 화려하지만 동시에 위험이 도사리는 공간이라는 점에서다. 온갖 위협 때문에 밥 한 끼 마음 놓고 먹을 수 없는 도시에 충격을 받은 시골 쥐는 안전하게 음식을 먹을 수 있는 고향으로 돌아가고 만다. 오늘날 청년들도 교육 · 취업 · 문화 등 다양한 도시의 혜택을 누리려 서울로 향하지만 높은 물가와 치솟는 집값에 적잖은 충격을 받는다. 하지만 이들은 시골 쥐와 같은 선택을 하지 못한다. 시골 쥐는 고향에서라도 안전하게 삶을 살 수 있었지만, 오늘날 청년들은 고향에서조차 자신의 몫을 누리기 어려운 상황에 처해 있기 때문이다.

지역이 청년의 미래에 적극 투자해
삶의 질 높여 줄 '매력적 공간' 돼야
정책의 인식 전환 장기적 안목 필요

정의와 공정

국토 면적의 12%도 안 되는 수도권에 인구 절반 이상이 모여 살고 있다. 살 곳이 없어 집 위에 집을 또 올리고, 더 이상 집 지을 곳이 없어 산도 깎는다. 이미 너무 많이 팽창한 서울은 대기오염이나 미세먼지, 열악한 주거 환경 등 다양한 문제를 안고 있다. 그 사실을 알면서도 청년들은 서울로 향한다. 각자의 목적이 있겠지만 멀리서 보면 한 가지의 이유로 좁힐 수 있다. '살길을 찾기 위해서'다.

서울에는 주요 대학과 기업이 밀집되어 있다. 중소벤처기업부에 따르면 매출 1,000억 원 이상 벤처기업의 62.2%가 수도권에 입지해 있다. 사람이 모이는 곳에 문화가 발달하는 것은 자연스러운 현상이다. 그런데 그것이 어느 정도의 선을 넘으면 이야기는 달라진다. 돌이킬 수 없는 문제들이 발생하고야 만다. 너무 많은 청년이 도시로 모인다는 것은, 너무 많은 청년이 지역을 떠난다는 뜻과 같다. 도시는 점점 발전하는데 지역은 소멸 위기로 내달린다.

작년 이맘때 벌어진 '지역 대학 정원 미달 사태'는 지역의 미래에 보내는 경고장과 같았다. 학령인구가 급감하자 가장 먼저 지역이 타격을 받았고, 그 기저에는 수도권 대학을 선호하는 분위기도 깔려 있다는 건 자명한 사실이다. 출산 그래프는 계속해서 하향 곡선을 그리고 있고 지역은 여전히 경쟁력에서 밀린다. 청년은 지역의 미래다. 지역에서 자리를 잡아 일하고 소비하고 결혼하고 아이를 낳아 기르는 모든 행위는 그 지역의 가치를 창출하는 핵심 요소다. 지역이 청년을 잡아야 한다는 뜻이다.

어떻게 하면 지역을 다시 살릴 수 있을까? 해답은 하나다. 지역이 청년들에게 '매력적인 공간'이 되면 된다. '서울이냐 지역이냐' 두 가지 선택지 중에서 '지역'을 택할 청년은 많지 않다. 이제는 청년들에게 제 3의 선택지를 제공할 때다. 취업과 주거의 고민을 덜 수 있고, 도전의 가능성을 열어주는 새로운 공간이 필요하다. 그 요소를 먼저 갖추는 곳이 지역 미래에 해결책을 가져다줄 수 있다. 지역의 한계를 뛰어넘어 '청년 친화적' 공간으로 탈바꿈해야 한다.

청년의 미래에 투자하는 지역은 미래를 선도할 준비가 되어 있는 공간이다. 지역의 한 사립대를 참고할 수 있다. 이 대학은 학생들에게 '실패 장학금'이라는 것을 지급한다. 창업에 도전할 기회를 열어주고 설령 실패하더라도 일정 금액을 보전하는 방식이다. 청년들이 도전하는 그 순간뿐만 아니라 이후의 결과까지 책임지는 대학의 태도는 청년들에게 '든든함'으로 자리 잡았다. 이처럼 청년을 책임지려는 지역이 필요하다. 청년들이 서울에 가는 이유는 단순히 서울이 좋아서가 아니다. 조금이라도 더 다양한 경험을 쌓고 새로운 기회를 잡아보기 위해서다. 청년들은 '기회의 땅'에 몰리게 되어 있다. 그 기회를 지역이 제공할 수 있어야 한다.

'삶의 질'을 높이는 관점에서 지역의 밑그림을 새로 그려야 한다. 현재까지 지역의 청년 정책은 대부분 일회성 현금 지원에 국한돼 있다. 미취업 청년에게 일정 금액을 지원하거나, 출산을 앞둔 신혼부부에게 현금을 준다. 현금 지원은 순간적인 도움을 줄 수 있을지는 몰라도, 장기적인 관점에서는 큰 도움이 되지 못한다. 궁극적으로 '지역이 안정적인 삶을 제공할 수 있는가?'라는 물음이 해결되어야 한다. 몇 차례 현금을 쥐여주는 것보다 넓은 교육 기회를 누릴 수 있도록 지역 학교에 투자하고, 일자리를 늘리고, 출산과 육아를 돕는 정책을 마련하는 것이 더욱 중요하다.

시골 쥐가 도시를 방문한 이유는 부귀영화를 누리기 위해서가 아니었다. 도시 쥐가 들려주는 도시의 새로움과 다양함에 기대를 걸었기 때문이었다. 그렇다고 시골 쥐가 더 큰 부를 얻기 위해 다시 고향으로 돌아온 것은 아니다. 그저 고향은 도시에서와 달리 적당한 양의 음식을 마음 놓고 먹을 수 있겠다는 확신이 있어서였다. 저출산과 지역 소멸 시대, 이제는 청년들에게 안정적인 기회를 열어주는 지역이 필요하다. 일확천금의 행운을 가져다주지 않아도 된다. 청년들이 정말 필요로 하는 건 도전과 기회다. 지역의 미래에 투자할 줄 아는 공간에는 분명 청년들이 몰릴 것이다.

아이디어,
치약처럼 짜보자!

한겨레 김태권(만화가) 2021.02.26.

김태권 그림

기획서와 제안서 쓰기, 인스타그램과 유튜브 업로드, 영화 시나리오와 드라마 극본 공모, 웹소설과 웹툰 창작 등, 누구나 아이디어가 필요한 시대다. 앞으로 이 칼럼을 통해 '아이디어를 치약처럼 쥐어짜는 방법'을 알려드리려 한다. 이 글의 마지막 부분에 가면 독자님의 창의력을 '업그레이드'할 비결을 공개할 것이다. 그런데 그전에 세 가지 좋은 소식을 말씀드리겠다.

이 글을 쓰는 나는 창의적이

기는커녕 영감이 안 떠올라 늘 마감에 허덕이는 사람이라는 말씀이 첫 번째 좋은 소식이다. "창의력도 없으면서 왜 이런 글을 쓰느냐"며 화를 내실지 모르겠다. 내 직업은 만화가다. 글도 쓴다. 회사에 다닌 일도, 사회단체를 도운 적도 있다. 그런데 나는 언제나 아이디어가 부족했다. 그래서 '아이디어 짜내는 법'에 대한 책을 모았다.

이 책에서 본 창의적인 방법들끼리는 공통점이 있다. 두 번째 좋은 소식이다. 우리는 그 방법을 익힐 수 있다.

셋째, 그 방법은 놀랄 만큼 간단하다. "아이디어란 오래된 요소들의 새로운 조합, 그 이상도 이하도 아니다." 제임스 웹 영이 한 말이다. 작은 조각들이 이리 모이고 저리 모이며 엉켜 다니다가 갑자기 아름다운 모습을 만들어낸다는 점에서, 아이디어의 발상이란 만화경과 닮았다고 그는 말했다.

웹 영은 미국 광고계에서 활약하던 사람이다. 1939년에 이런 내용으로 책을 썼는데, 미국에서 여전히 읽힌다. 이 책에 대해 정재승 교수가 이렇게 말했다. "굉장히 멀리 떨어져 있는 것들을 서로 연결해 문제를 해결하는 능력이 '아이디어 생산법'이다." 최근 뇌과학의 연구도, 2300년 전에 탄생한 아리스토텔레스의 〈시학〉도 비슷한 이야기를 한다고 덧붙였다.

인간의 가장 창조적인 작업 중 하나가 시다. 특히 '은유'라는 기법이 특히 그렇다. 윤동주의 시 〈햇비〉에는 '하늘 다리 놓였다/ 알롱알롱

무지개'라는 구절이 있다. '무지개는 하늘의 다리'가 은유의 예다. '잎새에 이는 바람에' 관계도 없는 '내'가 괴로운 까닭은? 역시 은유 때문이다. 시인이 보기에, 바람에 흔들리는 잎사귀와 인간은 닮았다. 미국 시인 테일러 말리는 학생의 시를 소개했다. '아버지는 깨진 거울/ 상처 주는 날카로운 파편들마다/ 나의 얼굴이 비춰 보인다.' 은유는 힘이 세다.

"그렇다면 은유 기계를 만들어보면 어떨까?" 십여 년 전에 움베르토 에코의 소설을 읽다가 나는 이런 상상을 했다. 세상의 모든 이름을 작은 공에 적어 큰 통에 담아두고, 통을 흔들어 공을 두개씩, 세개씩 뽑아내는 거다. 공으로 로또 번호를 뽑아내는 것처럼 말이다. 아이디어가 안 떠오를 때는 이런저런 이름들을 무작위로 연결해보는 것도 좋은 방법이다. 테일러 말리는 정말로 비슷한 일을 한다. '은유 주사위'를 만들어 글쓰기 교실에서 사용한다는 것이다.

컴퓨터로도 할 수 있지 않을까? 윤동주의 글에서 두 번 이상 사용한 명사를 모아, 심상이 뚜렷한 시어 127개를 추렸다. 무작위로 은유를 생성해주는 프로그램을 공개한다. QR코드나 링크(https://kimtaenim. github.io/column001.html)에 접속해 버튼을 눌러보시길. 기계가 시구를 뱉어낸다. '숲은 밤의 고향'이나 '세계는 햇빛의 이야기'처럼 그럴싸한 것도, '노래는 병아리의 슬픔'처럼 우스개 같은 것도 있다. 백만건이 넘는 기계의 말더미 가운데 '창조적인 목소리' 한줌을 골라내는 일은 아직 인간의 몫이긴 하겠다.

5

제조업의 핵심 뼈대···
'기술 한국' 지킨다

한겨레 김지윤 기자 2021.11.16.

연재 | 이 대학 이 학과

한국폴리텍대 인천캠퍼스 스마트금형과

"특성화고 졸업 뒤 바로 사회생
활을 시작했지만 적절한 직무를
찾지 못하고 방황했어요. 생산 업
무가 아닌 개발·설계 프로젝트를
수행하고 싶은 목표가 생겨서 군
복무를 마친 뒤 대학에 들어갔습
니다. 지금은 기아자동차 프레스
금형기술부에서 일하며 탄탄한
미래를 준비하고 있어요."

학생들이 5축 가공기를 활용한 수업에서
다양한 형상을 가공한 뒤 들고 있다. 한국
폴리텍대학 인천캠퍼스 제공

한국폴리텍대학교 인천캠퍼스 스마트금형과를 졸업한 임혁(29)씨의
말이다. 남들보다 조금은 늦은 나이에 다시 대학 문을 두드렸지만 지도

교수의 권고로 학교 행사에도 적극 참여했다. 졸업하면서는 자격증 6개를 손에 쥐었다. 학생 대표로 활동하며 각종 대회에서 상도 받았다.

임씨는 "늦었다고 생각했지만 교수님들의 동기 부여가 큰 힘이 됐다"며 "입학 뒤 1학년 때 산업기사 자격증을 취득할 수 있었다. 학교 차원에서 진행하는 방과 후 특강 등 다양한 커리큘럼을 통해 시간 낭비하지 않고 계속 성장하는 대학 생활이 가능했다"고 말했다. "한국폴리텍대는 우리나라에서 가장 큰 국책기술대학이거든요. 이 대학 이 학과를 통해 '전문 기술인'이 됐다는 자부심이 큽니다."

금형이란 제품을 찍어내는 형틀을 말하는데, 쉽게 말해 눈에 보이는 플라스틱 또는 판재로 된 제품은 모두 금형으로 생산된 것이다. 금형을 사용하는 대표적인 산업군으로는 자동차, 반도체, 가전제품 등이 있다.

이 대학 이 학과에 입학하면 사출 및 프레스 금형 관련 기술에 대한 기초 이론부터 현업에서 다루는 테크닉까지 모두 배울 수 있다. 사출 금형, 프레스 금형, 금형 설계 실습, 3D 모델링, 부품 가공 실습, 로봇기구공학 등을 두루 학습하게 된다. '스마트 시스템 활용 기술 실습'에서는 기초 코딩 및 공정 모니터링을 위한 센서 데이터 획득과 관련한 기술을 배운다.

성시명 학과장은 "최근 금형 제작 때 공정 시간 및 금형 수정 기간 단축을 위한 성형 해석 기술의 도입이 대기업 위주에서 중소기업으로

정의와 공정

확대되고 있다"며 "이에 대한 이론과 실습을 수행하고, 사출 및 프레스 공정에 대한 성형 해석 등을 배우며 '전문인'으로 거듭날 수 있도록 교육하고 있다"고 말했다. "학생들에게 다양한 취업 기회를 제공하고 보장하지요. 학교뿐 아니라 한국금형공업협동조합에서 지원하는 장학제도도 탄탄합니다."

스마트금형과 졸업 뒤에는 관련 직무가 있는 기업체로 취업할 수 있다. 전문가들은 최근 스마트 공장이 많아지면서 앞으로 회사 안에서 이를 관리하고 유지하기 위한 기술 직무에 대한 수요가 증가할 것으로 내다본다.

이 대학 이상호 학장은 "'기술 한국'의 자부심은 뿌리산업에서부터 나온다. 모든 산업의 근간인 금형 기술의 중요성은 날이 갈수록 커지고 있다"며 "어떤 제품을 만들 때 기계 가공에 의한 형틀을 먼저 설계·제작해 시제품을 만드는데 이때 기본이 되는 게 금형"이라고 말했다. "디지털, 4차 산업혁명 등 모두 중요한 말이지요. 다만 제조 혁신의 기본 기술인 금형과 주조, 소재 등이 주목받지 못하는 우리나라의 풍토가 걱정되기도 합니다. 금형은 모든 제조업 공정의 핵심 뼈대입니다."

6

매출 8,000만원서 1년 만에 100억…
코로나로 '인생역전'

한국경제 김병근 기자 2021.01.13.

에스컬레이터 방역 '핸드레일 살균기' 개발
클리어윈코리아

호텔 설치 3개월만에 '날벼락'
"법적 설치 근거없다" 철거명령

폐업 기로서 코로나 사태 본격화
성능 입소문 타며 53개국 수출

고생은 빠르게 보상받는 듯했
다. 제품 출시 3개월 만에 롯데
호텔에서 첫 주문이 들어왔다.
이 제품이 당시 호텔에 묵고 있던
중동 기업인 눈에 들면서 수출까
지 하는 겹경사를 누렸다.

클리어윈코리아 김유철 사장(왼쪽)과 김경
연 부사장이 안양 본사에서 에스컬레이터
살균기에 대해 설명하고 있다. 벽면에는 전
세계에 설치된 클리어윈 사진이 붙어 있다.
신경훈 기자

하지만 거기까지였다. 롯데호텔에 설치된 제품은 3개월을 못 버텼다. 수출까지 했지만 국내엔 법적 설치 기준이 없다는 이유로 철거 명령이 떨어져서다. 빚이 불어나 신용불량자 신세가 됐지만 포기하지 않았다. 악착같이 매달려 설치 기준 제정을 이끌어내고는 제품을 부둥켜안고 눈물을 쏟았다. 에스컬레이터 필수 방역 장치로 자리매김한 핸드레일 살균기를 세계 최초로 개발한 김경연 클리어원코리아 부사장의 이야기다.

그의 본업은 인테리어였다. 골프장 인테리어 시공을 주로 했다. 살균기에 눈을 뜬 데는 딸의 사고가 계기가 됐다. 위생에 민감한 초등학생 딸이 에스컬레이터 손잡이를 잡지 않고 있다가 넘어져 다치면서다. 구동 방식, 크기, 디자인 등을 수없이 고치고 다듬었다. 개발 시작 2년여 후 첫 완성품이 나오기까지 금형만 10개를 버렸다.

공들여 완성한 제품은 반응이 괜찮았다. 자외선(UV-C)으로 세균과 바이러스를 죽이는 방식이 주목받았다. 에스컬레이터 핸드레일이 움직이는 힘으로 제품 발전기가 구동돼 별도 전원이 필요없는 것도 매력으로 꼽혔다.

롯데호텔에 처음으로 제품을 설치하고 3개월 만에 날벼락이 떨어졌다. 정기 검사를 나온 한국승강기안전공단이 '법적 설치 근거가 없다'며 철거 명령을 내렸다. 자금이 동나고 판로는 막혔다. 졸지에 신용불량자 신세가 됐다. 하지만 포기하지 않았다. 끝까지 안전당국을 설득해 설치 기준을 마련해내고는 사촌 형(김유철 현 클리어원코리아 사장)에게

SOS를 쳤다. 김유철 사장이 투자금을 대고 법인(클리어원코리아)을 신설하는 등 돌파구를 모색했으나 힘에 부쳤다. 결국 김 부사장은 2020년을 한 달 앞두고 "형님, 그만합시다"라고 폭탄선언을 했다. 김 사장은 동생을 다독이며 딸 대학 입학 선물로 준비해둔 오피스텔을 새 사무실로 내놨다. "딱 1년만 버텨보자"며 손을 잡았다.

오피스텔을 새 전진기지로 삼은 지 열흘 만인 지난해 1월 서울 여의도의 IFC빌딩에서 12개를 설치하겠다고 연락해 왔다. 설 연휴가 끝난 뒤에는 "84개를 설치해달라"고 수량을 정정했다. 코로나19가 국내에서 본격 확산하기 시작한 영향이었다.

핸드레일 살균기의 인기는 시간이 지날수록 높아졌다. 코로나19 바이러스까지 죽이는 것으로 인증받은 덕분이다. 이 제품의 275㎚(1㎚=10억분의 1m) 파장 자외선에 2.7초만 노출돼도 대장균과 황색포도상구균, 폐렴균 등이 99.99% 죽는다는 게 회사 측 설명이다.

성능이 입소문을 타면서 살균기는 지난해 미국 영국 중국 등 세계 53개 국가로 수출됐다. 2019년 8,000만원이던 매출은 지난해 100억원을 넘은 것으로 추정된다. 김 부사장은 신용불량자 꼬리표를 떼어냈다.

세계 각국 바이어의 의뢰를 받아 개발 중인 휴대용 살균기 클리어스캔과 인공지능(AI) 기능이 적용된 클리어봇 등 신제품도 조만간 선보일 예정이다.

정의와 공정

7

목수에 농부까지,
결국 IT기술자가 된 의지의 청년

조선일보 박유연 기자 2021.01.24.

문과 출신의 IT 기술자 취업기

코로나 사태로 실물 경제가
큰 충격을 받고 있습니다. 그 어
느 시기보다 힘든 고용상황이
이어지고 있는데요. 어려움 속
에도 희망은 있습니다. 취업난을
극복하고 있는 청년들을 통해
희망을 전하는 '2030 취업 분투
기'를 연재합니다.

김형정 씨 /본인 제공

어려서부터 일관되게 같은 꿈을 좇는 사람들이 있다. 무척 운이 좋
은 경우다. 진짜 하고 싶은 일을 평생 만나지 못하는 사람이 더 많다.
그저 일을 위한 일을 하게 되는 것이다. 햇빛일루콤 김형정 씨도 원하
는 일을 일찍 찾지 못했다. 그러나 남들처럼 일을 위한 일을 하긴 싫

었다. 김형정 씨를 만나 진짜 원하는 일을 찾은 비결을 들었다.

절망감 안겨준 첫 취업

천안에 있는 백석대학교를 나왔다. 영어를 전공했다. "영어에 자신이 없어 영어를 전공했습니다. 앞으로 무슨 일을 하더라도 영어는 할 줄 알아야 할 것 같아서요."

군대를 다녀와 학교 졸업 후 취업했다. 하지만 평생 처음 들어간 직장에선 무력감과 모욕감만 느꼈다. "곧 퇴사했습니다. 적성과 성향에 전혀 맞지 않는 일이었거든요. 최악의 시기였죠. 정말 우울했고 울분만 쌓였습니다."

취업 자체에 집착하기보다 맞는 일을 찾기로 했다. 평소 좋아하던 글짓기 교실에 등록했다. "큰 기대를 갖고 시작했는데, 쓸수록 한계를 느꼈습니다. 어떤 글을 쓰기에 제 지식이나 경험이 정말 부족하다는 사실만 알게 됐습니다. 뭐 하나 제대로 아는 분야가 없어서, 콘텐츠 있는 글을 쓸 수 없었던 거죠. 돌이켜 생각하면 글짓기를 울분을 표출하는 도구로 삼았던 것 같습니다. 단순히 내 감정을 토로할 목적이라면 일기를 쓰면 되는데, 창작으로 접근했으니 제대로 될 리가 없었습니다."

어떤 분야든 '제대로 아는' 사람이 돼야겠다는 생각이 들었다. 국비교육과정 중에 흥미로운 과정이 많다는 얘기를 들었다. '워크넷'을 살펴보다 전북대학교 고창캠퍼스의 한옥 목공 교육과정을 알게 됐다.

정의와 공정

"한옥의 친환경성에 매력을 느꼈습니다. 손으로 나무를 가공하는 법, 건축 구조물을 설계하는 원리, 컴퓨터 캐드프로그램 활용법 등 한옥을 짓기 위한 교육 과정을 정말 재밌게 이수했습니다."

목수에 농업까지 오랜 방황

과정을 마치고 제주도에 내려가 한옥을 짓는 목수 일을 했다. 그런데 또 회의가 왔다. "배울 때는 분명 목수 일이 창작 활동이었는데, 현장에선 기술공에 불과했습니다. 물론 창의적으로 일하는 분도 많겠지만, 저에게 제시된 길은 무척 제한적이었죠. 결국 그 일도 그만뒀습니다."

농협에서 농업교육을 한다는 얘기를 들었다. "드론 자격증 취득과 해외농업교육 등 4차산업혁명에 맞는 청년 인재를 양성하는 내용이라고 홍보하더군요. 귀가 솔깃했습니다. 당시가 6월 정도였는데요. 뭔가를 시작한다면 어차피 다음 해부터일 테고, 남은 반년을 애매하게 보내느니 농업교육을 받아보자. 생각했습니다."

교육을 받으며 많은 것을 느꼈다. "스마트팜이 인상적이었습니다. 과거의 농업과 완전히 달라졌습니다. 이제 드론으로 농약을 뿌리죠. 기술 융복합 시대를 현장에서 본 겁니다."

하지만 이번에도 배운 걸 일로 연결시키지 못했다. 자금 문제 등이 이유였다. 오랜 시간을 헛되이 보냈다는 불안감이 밀려왔다. "거의 3년을 벌이도 경력도 없이 보냈다는 자책이 들었습니다."

마지막이란 각오로 로봇전자 교육

이번에도 돌파구는 공부였다. 폴리텍대 남인천캠퍼스 로봇전자과 모집 공고를 봤다. 농업 교육을 받으며 느꼈던 '기술 융복합 시대'에 어울리는 공부란 생각이 들었다. "로봇전자 분야에 대해 가르쳐주면서 자격증 취득을 돕고, 취업까지 연계해준다고 하더군요. 거기에 교육비는 물론 기숙사비, 식비까지 무료고. 도리어 훈련장려금을 준다기에 '이번이 마지막'이란 각오로 도전하기로 했습니다."

─문과 출신인데 기술을 배운다는 데 두려움이 있지 않았나요.
"기초부터 응용심화까지 체계적으로 교육한다고 해서 지원했습니다. 눈높이 교육을 해준다고 해서 믿었죠."

─교육 과정에서 가장 도움이 됐던 게 뭔가요.
"기본이 되는 전자이론부터 회로설계, 프로그래밍, 2D 및 3D 디자인까지 로봇개발과 관련한 모든 것을 배웠습니다. 실습시설이 가장 큰 도움이 됐습니다. 개인별로 필요한 장비가 제공되고, 캐드나 3D프린터 같은 공동으로 쓸 수 있는 고가 장비도 많았습니다."

대학교 로봇경진대회에서 동상

─폴리텍대에서 가장 인상 깊었던 경험이 뭔가요.
"전국 대학교 스마트로봇 경진대회 무인운반로봇 분야에서 동상을 받은 게 무척 뜻깊습니다. 사실 대회 공고 사실을 너무 늦게 알아 준비 기간이 짧았습니다. 자격증 취득을 3개나 진행하던 상황이라 시간을 내기 어려웠는데요. 너무 나가고 싶은 대회라 출전을 강행했습니다. 다른 학생들과 겨뤄서 제 실력을 객관적으로 파악해 보고 싶었거든요. 모든 걸 직접 해결해야 해서 단기간에 경험을 쌓을 수 있는 좋은 기회라고 판단했습니다."

　－어떻게 준비했나요.

"과감히 자격증 시험준비를 중단하고 팀을 모았습니다. 프로그래밍을 맡아 2주 동안 몰두했죠. 매일 아침 학교문이 열리자마자 등교해 밤 8~10시까지 프로그래밍만 했습니다. 프로그래밍에 따라 로봇이 정해진 궤도로 이동하면서 색을 인식하고 화물을 구별할 때의 쾌감은 이루 말할 수 없었습니다. 수많은 시험 가동과 수정 같은 반복 작업이 지루하고 힘들 때도 있었지만, 전체적으로 그 어느 때보다도 흥미로운 시간이었습니다. 돌이켜 보면 이제야 적성을 찾았다는 기쁨을 느꼈었던 것 같습니다. 로봇대회를 통해 제가 가야 할 진짜 경로를 찾을 수 있었고, 수상을 통해 자신감도 얻었습니다."

자동차 광학장비 개발 회사 취업

　－취업 과정을 들려주세요.

"교수님에게서 폴리텍을 졸업한 선배가 다니고 있다며 지금 다니고 있는 '햇빛일루콤'을 추천받았습니다. 한눈에 마음에 들었습니다. 자동차 광학장비를 개발하고 제조하는 회사인데요. 면접 때 사장님께서 '4차산업혁명 시대를 선제적으로 대응하면서 기술개발을 끊임없이 추구해나갈 계획'이라고 말씀하시더라고요. 그 얘기를 듣고 무척 고무됐습니다. 최종적으로 제가 제출한 포트폴리오를 좋게 봐주셔서 무사히 입사할 수 있었습니다."

아직 입사 초반이라 적응기를 지나고 있다. "일단 회사 생활에 빠르게 적응해야 합니다. 아직은 생소한 게 무척 많은데요. 미래가 무척이나 기대됩니다."

―일찍 영어 대신 공학을 전공했으면 좋았겠다는 후회가 들지 않나요.
"아뇨. 로봇 기술은 계속 새로운 게 나옵니다. 해외 동향을 파악하려면 영어가 필수죠. 대학 때 영어를 열심히 배워둔 게 지금 많은 도움이 됩니다."

―앞으로 계획은요.
"제가 맡은 분야에서 전문성 있는 인재가 되겠습니다. 개인적으로 아직 집이 없어 임시지만 고시원에서 생활하고 있는데요. 회사 생활을 열심히 해서 연봉을 많이 받아 좋은 집으로 이사를 가고 싶습니다."

―취업 준비생들에게 해줄 조언이 있다면요.
"시간을 헛되이 보내지 않길 바랍니다."

정의와 공정

8

대학생 4명이 자취방서 시작,
2년만에 200억

조선일보 진은혜 더비비드 기자 2021.03.01.

대학생 4명이 창업, 소셜미디어 인기 스타 2만 5,000명 모으며 고속 성장

기업가 정신으로 무장한 청년들이 스타트업에 뛰어들며 한국 경제에 새바람을 일으키고 있습니다. 스타트업 성장을 돕기 위해 스타트업 인터뷰 시리즈 '스타트업 취중잡담'을 게재합니다. 그들은 어떤 일에 취해 있을까요? 그들의 성장기와 고민을 통해 한국 경제의 미래를 탐색해 보시죠.

"인플루언서(소셜미디어 인기인) 중에 연 50억원 매출을 내는 분도 있습니다. 걸어 다니는 중소기업이라 불러도 무방하죠."

인플루언서가 전자 상거래 주축이 된 시대, 그들의 영향력은 웬만한 브랜드 못지 않다. 그러나 인플루언서들이 쓰는 상거래 인프라는 걸음마 단계다. DM(다이렉트 메시지)과 댓글에 의존한 거래가 많고, 정보 누락이나 개인정보 유출 문제도 상존해 있다. 인플루언서들을 위한 'SNS 마켓' 틈새시장 공략에 성공한 '인포크'의 최하림 대표를 만나 사업 이야기를 들었다.

인플루언서와 기업 연결

인포크 최하림 대표 더비비드 사업　　　　초창기 시절 모습 인포크

2018년 10월 설립된 인포크는 인플루언서의 위탁판매를 돕는 플랫폼을 운영한다. 판매, 주문관리, 송장, 현금영수증, 고객관리 등 쉬운 쇼핑몰을 표방하는 '인포크 스토어'와 여러 브랜드의 위탁 판매 링크를 하나로 모아주는 멀티 링크 서비스 '인포크 링크'로 구성돼 있다.

"인플루언서의 커머스는 상품을 사입해서 파는 것과 다른 브랜드의 제품을 대신 판매하는 것으로 나뉩니다. 저희는 후자인 위탁 판매에 초점을 맞췄습니다. 기업과 인플루언서를 연결하죠. 단순 판매 증진뿐 아니라 인플루언서의 유명세를 발판으로 광고효과도 누릴 수 있어서 기업과 인플루언서 모두 윈윈할 수 있습니다."

'21세기에 이런 거래가 다 있나'

어려서부터 창업을 꿈꿨다. "그냥 막연히 창업을 하고 싶었습니다. 페이스북 같은 서비스를 보며 '나도 나중에 이런 걸 만들고 싶다' 생각하며 자랐죠. 컴퓨터에 관심이 있어서 국민대 전자공학부에 진학했습니다. 막상 가고 보니 하드웨어를 집중적으로 다루는 학문이더군요. 소프트웨어를 배우고 싶었는데 말이죠."

소프트웨어 공부에 대한 갈증을 채우기 위해 스스로 길을 찾았다. "군 전역 후 한 비영리 코딩 교육단체에 들어갔습니다. 머릿속으로 구상한 애플리케이션(앱) 같은 서비스를 직접 만들어보려는 사람들이 모이는 곳이었죠. 코딩을 배우면서 새로운 서비스를 기획하고 배포, 런칭하는 경험까지 쌓을 수 있었습니다. 무엇보다 저와 생각이 비슷한 사람들과 교류할 수 있어 좋았습니다. 공동창업자인 황완식 CPO(최고제품책임자)도 이곳에서 만났습니다."

인포크 아이디어는 황 CPO가 냈다. "황 CPO가 어느 날 한 인플루언서의 인스타그램에서 물건을 사려는데 무척 불편했다고 합니다. 인스타 계정에 공유된 네이버 블로그에 들어가 댓글로 구매 의사를 밝히고, 입금 확인 내역을 메신저로 주고받으며 겨우 구입한 거죠. 그러면서 '21세기에 이런 과정을 거쳐야 하나' 의문이 들었다고 합니다. 거기서 영감을 얻어 블로그에서 효율적으로 주문을 받는 플랫폼을 구상하게 됐습니다."

황 CPO는 곧 실행으로 옮겼다. 다만 본격적인 사업화는 염두에 두지 않았다. 옆에서 지켜보던 최 대표의 생각은 달랐다. "황 CPO에게 '이거 말 된다. 그러니 사업화해보자'고 설득했습니다. 고민 끝에 황 CPO가 오케이 하더군요. 황 대표의 연세대 컴퓨터과학과 동기 2명과 함께 총 4명이서 인포크를 창업했습니다. 아직 학교 졸업도 하기 전이었죠."

인플루언서가 편한 커머스 플랫폼

시장조사를 통해 기업 의뢰를 받은 인플루언서들이 활용할 수 있는 커머스 플랫폼을 만들기로 했다. "처음엔 인플루언서들이 원하는 기업을 접촉할 수 있도록 브랜드를 한데 모으는 것을 생각했는데요. 현실적으로 어려워서, 인플루언서를 먼저 모으는 쪽으로 방향을 전환했습니다. 인플루언서가 원하는 서비스를 제공해 인플루언서부터 자발적으로 모이게 하자는 판단이었죠. 그러면 이들과 접촉하기 위해 기업들이 찾아올 것이라 생각했습니다."

−인플루언서의 어떤 고충을 해결했나요.

"인스타그램의 경우 프로필에 단 하나의 링크만 걸 수 있습니다. 여러 브랜드 제품을 다루는 인플루언서에게 큰 제약이죠. 어쩔 수 없이 판매 중인 브랜드를 한데 모아서 안내하는 별도의 페이지를 만들어야 합니다. 인스타그램에는 별도 안내 페이지 링크만 걸고, 안내 페이지로 들어온 사람들이 각 브랜드로 넘어가도록 하는 겁니다. 저희 서비스를 이용하면 인플루언서 스스로 안내 페이지를 만들 필요가 없습니

　　　　　　　　정의와 공정

다. 저희가 인플루언서마다 판매 중인 상품을 한 페이지에 모아 보여주거든요. 또 여기서 일반 쇼핑몰처럼 바로 상품을 쉽게 사고팔고, 고객 관리도 할 수 있도록 서비스를 구성했습니다. 인플루언서 개인을 위한 쇼핑몰을 만들어준 셈입니다."

서버 터져 사업 접을 뻔

사업 초반 우여곡절이 많았다. "개발상의 실수로 상세 주소 탭을 누락해 서비스를 오픈했습니다. 고객 상세주소 없이 배송이 나간 거죠. 실수를 인지한 후 100여명의 구매자들에게 확인 전화를 돌려서 상세주소를 확인하고 배송사에 알렸습니다. 지금 생각해도 아찔합니다."

이용자가 갑자기 몰리며 '멘붕'에 빠진 적도 있다. "서비스 시작 때부터 트래픽이 잘 나왔습니다. 어느 날은 트래픽을 감당할 수가 없어 서버가 터져버렸습니다. 결국 각종 데이터베이스가 모두 날아가버렸습니다. 그때가 시험 기간이었는데 학생이었던 우리들 사이에서 '이제 접자. 여기까지가 우리 한계다'란 말까지 나왔습니다."

－어떻게 극복했나요.
"서버가 터질 정도로 사람이 몰렸다는 건 제대로 된 시장을 공략했다는 뜻이기도 합니다. 수요가 폭발적이라면 그걸 감당할 인프라를 갖추면 됩니다. 좌절감과 충격에 빠진 동료들을 달래가며 '계속 하자'고 설득해 안정시켰습니다."

서버 증설 후 맨투맨으로 뛰어다니며 인플루언서를 모집했다. "몇 천명에 달하는 인플루언서들에게 일일이 DM을 보내면서 저희 서비스를 소개했습니다. 회신율은 5% 정도로 극히 낮았죠. 그래도 관심 가져주는 소수가 저희 서비스를 이용하기 시작했고 그분들이 동료 인플루언서에게 소개하면서 입소문이 본격적으로 났습니다. 인플루언서가 고객인데 그 인플루언서들을 통해 서비스가 알려진 거죠."

거래액 200억 돌파, 인플루언서 커머스의 '배민' 목표

인플루언서들에게 페이지 개설을 무료로 해주고 있다. 추후 상품 판매에 대해 수수료를 예정하고 있다. 보다 강력한 기능을 원하는 인플루언서를 위해 유료 플랜의 인포크링크 서비스를 최근 출시했다. 온라인 상거래 시장의 빈틈을 공략한 덕에 고속 성장을 하고 있다. "인포크링크를 이용하는 인플루언서가 2만 5,000명이 넘고요. 인포크 스토어까지 이용하는 인플루언서는 1,000명을 넘어섰습니다. 물건 구매를 위해 서비스에 가입한 회원은 9만명을 돌파했죠. 플랫폼을 통한 누적 거래액은 200억원을 넘어섰습니다. 월간 활성 접속자 숫자는 구글 애널리틱스 세션 기준으로 350만명에 달합니다."

혁신 기업으로서 성장가능성도 인정 받았다. 2019년 구글캠퍼스(Google for Startups)와 서울창업허브에서 우수창업 기업으로 선정됐고, 한국 디자인진흥원 스타일테크 1기 기업에도 뽑혔다. 아산나눔재단 '마루 180' 지원 기업에도 선정돼 서울 역삼동 마루 180 업무 공간에 입주했다.

–앞으로 목표는요.

"일단 유저를 더 많이 모아야 합니다. 10만명 회원이 1차 목표입니다. 유저를 확장해서 모은 데이터를 활용해 '위탁판매 상품 제안' 서비스를 개발할 예정입니다. 인플루언서마다 아이덴티티에 맞는 브랜드가 따로 있고, 카테고리별 매출 성과도 다를 수밖에 없는데요. 누적된 판매 데이터를 활용해서 유저가 판매할 만한 제품을 저희가 추천할 계획입니다 서비스를 고도화한 뒤 글로벌 진출도 할 계획입니다. 일본과 동남아를 우선해서 고려하고 있습니다."

–장기 비전은 뭔가요.

"궁극적으로 인플루언서와 기업들이 필수적으로 써야 하는 플랫폼이 되고 싶습니다. 요식업자들이 배달의 민족에 무조건 입점하는 것처럼 온라인으로 물건을 팔고 싶어하는 인플루언서라면 당연히 이용해야 하는 서비스가 되고 싶습니다. 판매 편의성을 제공하는 수준을 넘어, 브랜드와 인플루언서를 연결하는 다리 같은 기업으로 도약하겠습니다."

–창업을 꿈꾸는 분들께 조언을 한다면요.

"스스로 동기부여가 되지 않는 사람에게는 사업이 고역일 수 있습니다. 구상했던 대부분 일이 실패하거나 미뤄지거든요. 투자유치도 쉽지 않죠. 저는 유저가 늘고, 머리로 구상한 것들이 하나씩 실현돼 나가는 과정이 즐거워서 버틸 수 있었습니다. 일이 내 뜻대로 풀리지 않을 때의 스트레스보다 원하는 바를 성취했을 때의 기쁨이 더 컸던 거죠. 어떻게든 밥 벌어먹고 살지 않을까 하는 자신감도 생겼고요. 좋은 서비스를 만들겠다는 의지가 중요합니다. 그러면 방법은 많습니다."

"스코틀랜드서 노숙하며 양조 공부…
내년 1호 K위스키 나옵니다"

한국경제 김남영 기자 2021.03.05.

김창수위스키증류소 대표 '김창수'

문을 열면 시큼한 발효 냄새가 마스크를 뚫고 코로 들어온다. 309㎡ 규모의 증류소에 들어서 자마자 보이는 것은 수십 개의 거대한 나무통들이다. 발효기, 증류기를 지나 눈길이 멈춘 한쪽 구석 에는 위스키의 원재료인 보리가 한 무더기 쌓여 있다. 스코틀랜드의 증류소에 와 있는 듯한 착각을 주는 이곳은 경기 김포에 있는 싱글몰 트 위스키 증류소 '김창수위스키증류소'다.

작년 10월 이 증류소를 만든 김창수 씨(36·사진)는 "다른 술은 다 국산이 있는데, 이렇게 술 좋아하는 나라에서 자국 위스키를 생산하지 않는다는 게 아쉽고 섭섭했다"고 말했다.

김씨는 28세에 회사를 그만두고 서울 강남·마포 지역의 유명 위스키 바 바텐더로 일하기 시작했다. 그는 "대학생 때부터 위스키를 즐겼다"며 "즐기는 것을 넘어 어느 순간 직접 만드는 꿈을 꾸게 됐다"고 했다.

김씨는 본격적으로 양조 공부를 하기 위해 2014년 자전거와 텐트만 들고 무작정 스코틀랜드로 떠났다. 경비를 아끼기 위해 노숙하며 약 4개월 동안 양조장 102곳을 전부 돌았다. 모든 증류소를 눈에 담고 온 저녁, 자축을 위해 찾은 위스키 바에서 일본의 치치부(秩父) 증류소 직원을 만났다.

김씨는 "오랜만에 만난 동양인이 반갑기도 해 먼저 말을 걸었더니 유명한 '벤처 위스키'를 만드는 곳의 직원이었다"며 "이것이 계기가 돼 치치부 증류소에서 연수할 수 있는 기회를 얻었다"고 말했다. 치치부 증류소에서 양조를 배우고 온 김씨는 본격적으로 자신의 증류소를 열 준비를 시작했다. 서울 여의도에 작은 바를 잠시 열었던 것도 이 증류소를 열기 위한 발판이었다. 김씨는 "국내에서 위스키가 더 대중화되려면 과세 방식이 바뀌어야 한다"며 "지금은 질 좋은 위스키를 생산하기 어려운 구조"라고 말했다. 위스키에 붙는 세금은 종가세(가격에 비례해 과세) 방식인데 이를 종량세(양이나 도수에 비례해 과세)로 바꿔야 한다는 것이다. 종가세 체계에서는 값비싼 원재료를 사용하면 세금이 늘어나기 때문에 주류 고급화가 어렵다.

김씨는 "제조시설 규제도 만만찮은 벽"이라며 "원액 숙성용 나무통과 저장·제성조를 합친 총 용량이 2만 5,000L 이상이어야 제조 허가가 나온다"고 했다. 다양한 수제 맥주만큼 다양한 국산 위스키가 나오기 위해선 이런 규제부터 없어져야 한다는 게 김씨의 주장이다. 김창수위스키증류소에서 나오는 첫 위스키 제품은 1년의 숙성을 거쳐 내년 봄 맛볼 수 있다.

정의와 공정

10

판매성과를 높이는 고객 설득 방법은?

한국경제 나종호 한경닷컴 칼럼니스트 한국강소기업협회 상임부회장(경영학박사)
2020.12.07.

영업은 고객을 설득하는 것으로부터 시작된다. 고객을 설득하는 방법은 크게 3가지다.

첫째, 고객의 이익을 강조하는 방법이다. 대부분의 영업사원은 고객을 만나면 자사상품의 특징이나 장점만을 열심히 설명한다. 하지만 고객은 그 상품을 사용함으로써 얻게 되는 이익에 더 관심이 크다. 따라서 상품의 장점만을 일방적으로 설명하기보다는 자사상품을 이용함으로써 얻게 되는 경제적 이익을 제시해야 구매의사 결정을 빠르게 유도할 수 있다. 그리고 이러한 이익을 고객이 더 강하게 느끼게 하려면 몇가지 적절한 질문을 통해 고객이 생각할 기회를 갖게 만들어야 한다.

특히, 중소기업의 경우, 상품의 품질이 우수함에도 불구하고 판매가 잘 안되는 이유 중의 하나는 상품 포장지나 박스에 상품 특징이나 장점을 많이 나열했지만 목표고객이 필요로 하는 핵심 편익(benefit)은 빠져있는 경우가 많고, 디자인도 목표고객이나 제품의 컨셉과 일관성이 없기 때문이다. 마케팅 자원이 부족한 중소기업은 제품에 대한 많은 정보를 전달하려 하기보다는 목표고객을 명확히 하고 그 목표고객이 필요로 하는 핵심편익만을 제품 포장, POP물 등을 활용해 일관성 있게 반복적으로 전달해야 그나마 고객의 머리속에 기억되게 할 수 있다.

둘째, 잠재적인 고객의 욕구를 현실적인 문제로 설득하는 방법이다. 고객의 이익을 강조했어도 당장 필요한 것이 아니면 곧바로 구매하지 않을 것이다. 따라서 고객이 당장 중요하게 생각하지 않았던 잠재적인 욕구나 문제점을 자극해서 바로 해결해야 할 현실적인 문제로 크게 느끼게 관여도를 높여주어야 한다. 관여도를 높이는 방법은 자사상품의 좋은 점만을 나열하는 게 아니라 오히려 자사상품을 사용하지 않게 됨으로써 생길 수 있는 불안요소나 불이익을 강조하는 것이다. 예를 들어 기계부품을 판매하는 경우, 자사 부품을 지금 구입하지 않으면 6개월 후에는 결품이 나거나 가격이 인상되어 큰 손실을 볼 수 있음을 은근히 강조하는 것이다.

대부분의 중소기업은 신제품을 출시하면서 홈페이지나 전단지에 자사상품의 장점이나 특징만을 나열한다. 하지만 9개의 장점을 나열했다면 최소한 한 문장은 자사상품을 사용하지 않았을 때의 부정적인 내용을 눈에 띄게 표기해두면 이 한 문장이 고객의 구매심리를 자극하게 된다. 왜냐하면 사람들은 나한테 이익이 되는 것보다 불이익에 더 민감하고 그 불이익을 피하고 싶은 심리가 더 강하기 때문이다. 가격을 10% 할인했을 때 증가하는 판매수량보다 가격을 10% 인상했을 때 떨어지는 판매수량이 훨씬 크게 나타나는 것도 바로 이런 심리 때문이다. 즉, 사람은 얻었을 때의 만족감보다 잃었을 때의 고통을 더 크게 느끼는데, 이것을 손실회피(Loss Aversion)이론이라 한다.

그리고 이러한 영업을 위해서는 영업사원은 자신이 팔고자 하는 상품 시장에 대한 전반적인 이해와 풍부한 상품지식, 그리고 타사의 구매 사례를 많이 알고 있어야만 한다. 즉, 단순히 물건 파는 영업사원이 아니고 고객의 문제를 파악하고 리드해 나가는 역량을 갖춘 적극적인 영업사원이 되어야 한다.

셋째, 존중과 배려로 고객가치를 더 크게 느끼도록 설득하는 방법이다. 가끔 고객사에서 영업사원을 교체해달라거나 상품은 좋은데 영업사원이 싫어서 구매하지 않겠다고 하는 경우가 있다. 이것은 평소 고객사의 빠른 요청에 대응이 늦어 고객사가 불만이 생겼거나 영업사원의 말과 행동이 신뢰감을 주지 못했기 때문이다. 따라서 상품 외에도 영업하는 과정에서의 영업사원의 태도나 언행일치, 그리고 회사 차원에서의 전사적인 고객에 대한 세심한 존중과 배려가 있어야 자사 상품에 대한 고객가치를 더 크게 느끼게 만들어 구매의사 결정을 유도할 수 있다.

일본의 유명한 기업가 고이케는 20살 때 한 기계회사의 영업사원으로 취직해서 불과 15일 만에 33명의 고객과 계약했다. 그러나 얼마 뒤 코이케는 자신이 판 기계가 타사 기계보다 훨씬 비싸다는 사실을 알게 되었다. 그래서 고이케는 3일 동안 33명의 고객들을 만나 자신이 판 기계가 비싸기 때문에 계약을 파기해도 좋다고 말했다. 그런데 33명의 고객들은 그의 정직한 태도에 깊은 감동을 받아 33명의 고객 중 계약을 파기한 사람은 단 한 명도 없었고, 오히려 더 큰 신뢰를 얻게 되었다. 그 후 그는 일본에서 손꼽히는 부자가 되었다.

이처럼 영업은 고객과의 신뢰가 무엇보다 중요하다. 뿐만 아니라 일에 대한 열정, 상품에 대한 전문지식, 깔끔한 용모, 남을 배려하는 매너, 경청하는 태도, 약속준수, 고객욕구 파악, 정보수집, 가치제안, 그리고 비대면 디지털 문화와 기기에 익숙해야 강한 신뢰감을 줄 수 있고, 고객의 마음을 움직여 설득할 수 있는 경쟁력 있는 영업사원이 될 수 있다.

11

카이스트 찾은 김재철 동원 회장
"AI 연구로 대한민국 미래 열어 달라"

조선비즈 윤희훈 기자 2021.04.02.

김재철 동원그룹 명예회장이 2일 오전 한국 과학기술원(KAIST) 대전 본원에서 이광형 KAIST 총장과 'AI의 미래를 말한다'를 주제로 대담을 하고 있다. 동원그룹 제공

"시대는 바뀌었지만 끊임없이 새로운 어장을 찾고, 아무도 가지 않았던 길을 향해 도전하는 본질은 같다. 무한한 가능성을 가진 인공지능(AI) 연구로 대한민국의 미래를 열어 달라."

김재철 동원그룹 명예회장이 2일 오전 한국과학기술원(KAIST) 대전 본원에서 이광형 KAIST 총장과 'AI의 미래를 말한다'를 주제로 대담을 했다.

동원그룹에 따르면 이날 대담은 4차 산업혁명 시대에 우리나라 AI 기술의 현재를 진단하고, 앞으로 AI 강국으로 도약하기 위한 방안 등을 논의하는 자리로 마련됐다.

김 명예회장은 "가까운 미래 AI는 인류의 모든 분야에 적용될 것"이라며 "다양한 분야의 전문가가 협력과 소통을 통해 융복합 AI 기술을 만들어나가야 한다"고 말했다. 그는 이어 "과거가 대양을 개척하는 대항해 시대였다면, 오늘날은 데이터의 바다를 개척하는 AI의 대항해 시대"라면서 "AI라는 큰 바다를 항해하기 위해서는 여러 사람이 힘을 합쳐 속도전을 펴야 한다"고 했다.

그는 특히 "자동화 설비 조금 갖다놓고 AI 기술을 갖췄다고 얘기하는 게 오늘의 현실"이라며 "정작 가르칠 선생 하나 없는 것이 한국의 현실"이라고 꼬집기도 했다. 그러면서 "AI 기술이 발전할수록 윤리의식의 중요성이 더욱 강조될 것"이라며 "학생들에게 전문 기술과 학문 외에도 윤리의식을 가르치는 전인교육(全人敎育)을 지향해야 한다"고 덧붙였다.

김 명예회장은 지난해 12월 국내 인공지능(AI) 분야 인재 육성을 위해 KAIST에 사재 500억 원을 기부하면서 KAIST와 인연을 맺었다.

국토가 협소하고 천연자원이 절대 부족하여 국가경쟁력이 원천적으로 취약한 우리나라가 4차 산업혁명 시대에도 낙오되지 않고 지속적으로 발전하기 위해서는 〈세계를 무대로! 무대를 품 안에!〉라는 굳은 신념에 국제감각까지 겸비한 수출역군들이 배출되어 지구촌 곳곳을 누비며 해외시장을 개척하고 수출시장 다변화로 수출을 증대시켜야 합니다.

특히 기술개발 · 기술혁신을 통해 부가가치 높은 상품 및 서비스, 문화상품을 생산 · 수출해야 할 것입니다. 해외 여자골프 및 BTS 등을 비롯한 지식 · 문화 · 예능 · 스포츠 등 각종 한류문화의 해외진출, 한류열풍의 글로벌화는 국제사회에 한국혼(魂)을 전파하고 국위를 선양하여 국력을 증강시키고 있습니다.

그런데 세계는 인접국들 상호 간에 블록화하여 우선적으로 자기네들의 공동 이익을 추구하고 있습니다. 이러한 장벽을 넘어 수출을 증대하기 위해서 여러분은 일찍이 청소년 때부터 수출의 중요성을 인식하고 이에 관해 듣고 보고 배워 지식과 실력을 축적해 두어야 하겠습니다.

코로나19 이후엔 세계가 'BC(before corona)'와 'AC(after corona)'로 나눠지고 국제거래가 다소 감소할 것이라는 국내외 전문가들의 견해가 있습니다. AC로 국제거래가 감소하든, 코로나19보다 더한 역병이 창궐하든, 그 어떤 어려운 상황에 직면하든 국토가 협소하고 천연자원이 절대 부족할 뿐만 아니라 우리나라에만 유일한 '고착화된 국가발전 저해요인들'까지 안고 살아가야 하는 우리 민족은 특단의 묘안과 대책을 다각적으로 강구하고 지혜를 모아 수출 극대화를 위해 필사적인 노력을 기울여야 할 것입니다.

수출로 먹고사는 대한민국. 수출은 우리 민족 생존의 길이요 국력입니다.

3장

세계를 무대로!
무대를 품 안에!

"까다로운 유럽시장 공격적 마케팅…
해외매출 30%로 올릴 것"

조선일보 오로라 기자 2021.09.10.

이원우 현대모비스 글로벌영업실장

6일(현지시각) 이원우 현대모비스 글로벌 영업전략실장이 IAA(독일국제자동차전시회)가 열린 메세 뮌헨의 야외 벤치에서 본지와 인터뷰를 가지고 있다. 이 실장은 "현대자동차에 대한 의존도를 해외 고객사로 분산시켜 사업 구조적인 변화를 이끌겠다"고 말했다. 현대모비스

"현대모비스는 글로벌 전장 부품사로 거듭나기 위해 현재 10%대에 머물러있는 해외 고객사 매출 비중을 중장기적으로 30%대로 올리는 게 목표입니다."

지난 6일(현지시각) 세계 최대 모터쇼 'IAA(독일국제자동차전시회) 2021' 현장에서 만난 이원우 (51) 현대모비스 글로벌 영업전략실장은 "유럽 주요 완성차 업체의 바이어들과 끊임없이 미팅을 하고 있다"며 이렇게 말했다. 현대차에 대한 매출 의존도가 90%에 달하는 현대모비스는 올해 처음으로 세계 4대 모터쇼 중 하나인 IAA에 전

시공간을 차렸다. 이 실장은 "IAA 폐막 2주 후에 열리는 디트로이트 모터벨라쇼에도 참가한다"고 했다. 올해를 공격적인 글로벌 고객사 공략의 원년으로 삼겠다는 것이다.

이 실장은 2002년 현대모비스에 입사해 기술전략팀장·MVC(모비스 중국벤처 투자담당) 등을 거쳐 지난해부터 회사의 글로벌영업전략을 이끌고 있다. 2019년 글로벌 라이더(레이저를 이용해 물체를 3D로 인식하는 센서) 1위 기업 미국 벨로다인에 대한 투자(약 600억원 규모)와 지난해 영국 AR(증강현실) 헤드업 디스플레이(HUD) 기술 개발업체 엔비직스(300억원)에 대한 투자를 총괄했다. 그는 "과감한 투자를 통해 경쟁사들이 갖추지 못한 기술을 선점하는 것도 글로벌화의 중요한 요소"라며 "앞으로도 외부의 선진 기술 업체들과의 협업이나 투자를 적극적으로 이어갈 것"이라고 했다.

IAA에 부스를 차린 이유에 대해 이 실장은 "완성차 업계의 본진을 직접적으로 공략하기 위한 것"이라고 했다. 그는 "최근까지 자율주행과 같은 미래 기술을 미국 실리콘밸리가 선도해 왔는데, 최근 유럽의 완성차 업체들이 합종연횡으로 미래차 기술 선점에 나서고 있다"며 "이런 격동의 시기에 우리가 무엇을 얼마나 잘할 수 있는지 빨리 보여주고 고객사를 잡아야 한다는 판단이었다"고 했다. 현대모비스는 이번 IAA에서 완전자율주행 콘셉트카인 '엠비전X'와 360도 투명 디스플레이·혁신 헤드램프 등 미래차 핵심 부품들을 전시했다.

이 실장은 "유럽은 마케팅을 펼치기 상당히 어려운 곳"이라고 했다.

"프리미엄 브랜드들이 모여있는 유럽에선 혁신적인 기술을 원하는 동시에 안정적인 성능을 요구하기 때문"이라는 것이다. 여기에 가격도 합리적이어야 한다. 특히 최근 중국 기업들이 뛰어난 자율주행 기술을 들고 유럽 공략에 나서기 시작한 것도 위협적이다. 그는 "까다로운 유럽에서 성공한다면 세계 어느 곳으로도 우리가 진출할 수 있다는 의미"라며 "무조건 승기를 잡아야 하는 시장인 만큼, 영업조직을 강화하고 공격적인 마케팅에 나설 것"이라고 했다.

정의와 공정

2

윤종규 KB회장,
유엔초청 기후변화 최고위급 회의 참석

아시아경제 박선미 기자 2021.11.11.

국내 금융사 CEO 중 첫 참여

윤 회장 "KB금융의 선도적인 움직임은 시장에 큰 시그널

10일 여의도 KB국민은행 신관에서 '기후변화 대응을 위한 최고위급 회의(High-Level Meeting of Caring for Climate)'에 참여 중인 KB금융그룹 윤종규 회장

[아시아경제 박선미 기자] 유엔 기후변화 대응 고위급 회의에 윤종규 KB금융 회장이 국내 금융권 대표로 참석했다.

11일 KB금융에 따르면 전날 오후 7시(한국 시각) 영국 글래스고에서 열린 제26차 유엔 기후변화협약 당사국총회(COP26)의 공식 행사인 '기후변화 대응을 위한 최고위급 회의'에 윤 회장이 참석했다. 윤 회장은 '정의로운 넷제로(Net Zero)의 미래'를 주제로 한 논의를 진행했다.

유엔이 주최하고 온·오프라인 하이브리드 방식으로 진행된 이번 회의는 각 분야의 글로벌 리더들이 모여 기후 위기 극복을 위한 방안들에 대해 논의하고 '저탄소 사회로의 전환' 노력과 필요성을 전세계에 전달하기 위해 개최됐다. 유엔 대표로 안토니오 쿠테흐스 유엔 사무총장과 알록 샤마 COP26 의장이 참석했고 산업·시민사회 분야를 대표하는 글로벌 리더로 리프 요한슨 아스트라제네카 회장, 제니퍼 모건 그린피스 대표 등도 자리를 빛냈다.

유엔이 기후변화 대응 분야의 금융권 대표로 윤 회장을 초청한 배경에는 KB금융이 '과학기반 탄소 감축 목표(SBTi)'를 금융권 최초로 승인 받고, 넷제로 은행연합(NZBA)의 아·태지역 대표 은행으로 활동하는 등 다양한 분야에서 ESG 경영을 선도적으로 이끌고 있기 때문이다.

이날 회의에서 KB금융의 기후변화 대응을 위한 포트폴리오 전략을 묻는 질문에 대해 윤 회장은 "고탄소 산업을 배제하면 그만인 '네거티브' 전략으로는 금융회사의 넷제로는 달성할 수 있을지 몰라도 사회 전체의 넷제로를 달성하기 어렵다"며 "KB금융은 친환경 전환 기업을 적극적으로 지원하고 녹색산업에 대한 투자를 확대하는 '포지티브' 전략을 집중적으로 추진해 나갈 계획"이라고 답했다.

윤 회장은 또 "NZBA는 참여 은행 및 이해관계자들과 함께 탈탄소화 전략 구현을 가속화해 나갈 것"이라며 "실물 경제의 넷제로 전환에 금융기관이 중요한 역할을 담당하고 있기 때문"이라고 설명했다. 더 붙어 "KB금융은 아태 지역 은행의 참여 확대를 유도하고 기후 변화 대응을 위한 글로벌 아젠다 수립 시 적극적으로 의견을 개진할 예정" 이라고 덧붙였다.

3

손미나 "아나운서·작가·유튜버…
외국어 덕에 'N잡러' 됐죠"

조선일보 최연진 기자 2021.07.17.

**영어 · 스페인어 · 불어 · 이탈리아어 모두 구사하는 여행작가 손미나…
언어 공부 노하우 담은 책 출간**

여행작가, 소설가, 유튜버 등 다양한 직업을 가진 'N잡러' 손미나씨. 그는 "방송도 해보고 책도 써보고 유튜브도 하고 있는데, 구독자와 소통이 활발한 유튜버가 제일 적성에 맞는 것 같다"고 했다. 오종찬 기자

"가진 게 없어도, 재주가 없어도 인생의 무대를 확장하고 우주를 넓힐 수 있어요. 그걸 가능하게 해준 게 외국어죠. 그래서 다른 분들께도 저만의 노하우, 제가 만든 '공부 지도'를 공유하고 싶었어요."

눈에 띄는 붉은 머리, 알록달록한 목걸이를 한 손미나(49)씨가 통통 튀는 목소리로 환하게 웃으며 말했다. KBS 아나운서 출신에 여행작가, 소설가, 유튜브 크리에이터 등

　　　　　　　　　　　　　정의와 공정

다양한 직업을 가진 자타공인 '프로 N잡러'다. 그런 그가 이번엔 외국어 공부 방법을 담은 책 '나의 첫 외국어 수업'을 펴냈다. 14일 서울 광화문에서 만난 그는 "외국어가 없는 저의 삶은 상상할 수도 없어요"라며 눈을 반짝였다.

"저는 그냥 남들보다 약간 더 뻔뻔해요. 바보 같은 이야기도 겁 없이 잘하는 편이라고 해야 할까요. 하하." 영어, 스페인어, 프랑스어, 이탈리아어를 구사하는 그에게 '당신은 언어 천재니까 가능한 것 아니냐'고 묻자 이같이 답했다. 전 세계를 누비며 글을 쓰는 여행작가이니 외국어를 잘할 수는 있겠지만, '어학책'까지 낸 이유는 무엇일까. 그는 "외국어를 배우지 않았다면 이렇게 'N잡러'로 하고 싶은 일을 마음껏 하며 살 수 없었을 것"이라며 "외국어를 포기하려는 사람들에게 응원 메시지를 주고 싶었다"고 했다. 실제 책에는 외국어를 배워야 하는 이유, 자기만의 방식이 중요한 이유, 열정이 지나쳐도 외국어 공부에 실패하는 이유 등 '마인드 세팅'에 관한 이야기가 100쪽 넘게 담겼다.

코로나 때문에 한동안 '주업'인 여행작가 일을 하지 못했다. 답답하지 않으냐 물으니, "여행 가려고 짐 싸는 거 얼마나 귀찮은데요!" 하며 웃었다. "여행을 많이 하면 어디서든 적응을 잘하게 돼요. 한국 생활에 적응하니 가족과 주변 사람들도 챙길 수 있고 좋더라고요."

대신 지난해 스페인 및 중남미 방송 프로그램에 출연해 유창한 스페인어로 우리나라의 방역 체계를 소개했다. 이 활동을 계기로 외국어 공부법을 알려주는 유튜브 채널도 본격 운영하게 됐다. 최근엔 구독자 10만명 이상 크리에이터에게 주는 '실버 버튼'을 받았다. 그는 "코로나 때문에 여행을 못 하고 있지만, 또 코로나 덕분에 유튜브 활동을 활발히 할 수 있었다"고 했다.

스페인의 태양처럼 늘 밝아보이는 그에게도 힘든 시기가 있었다. "3년 전 '번 아웃'이 왔어요. 마음의 소리를 들어보려고 했는데, 아무 소리가 들리지 않았어요. 정신이 이끄는 대로 일만 하다 보니 마음이 문을 닫아버린 거죠." 그 길로 바쁜 일상을 접고 여러 나라를 여행했다. 그렇게 번 아웃 터널을 지났다.

"코로나가 잠잠해지면 바르셀로나로 바로 달려갈 거예요. 가족 같은 사람들을 만나 '고생 많았다'고 위로하고 안아줄 거예요." 코로나 이후 첫 여행지로 '제2의 고향' 같은 스페인을 꼽았다. 내년 초엔 여행을 소재로 한 에세이 형식 책도 출간할 계획이다. "당장 모두가 여행을 떠날 수는 없겠죠. 대신 제가 여행지에서 느낀 생각이나 감정을 공유하면 독자분들에게 소소한 위로가 될 수 있을 것 같아요. 다 같이 경험을 공유하며 힘든 시기를 이겨내면 좋겠습니다."

정의와 공정

4

"여기가 떡볶이 맛집인가요?"…
말레이·몽골서 '핫플' 된 곳

조선일보 김은경 기자 2021.03.01.

코로나19 확산에도 해외 점포 확대

이마트24, 말레이시아 3·4호점 개점

CU·GS25도 말레이시아·몽골서 '인기'

떡볶이·컵밥·닭강정 등 'K푸드' 많이 팔려

이마트24 말레이시아 3호점에서 현지 방문객이 쇼핑하고 있다. 사진 이마트24 제공

신종 코로나바이러스 감염증(코로나19) 확산에도 우리나라 편의점 브랜드가 해외 점포 확장을 이어가고 있다. 한국 편의점 인기에는 떡볶이·컵밥·닭강정 등 한국 즉석 음식을 해외 현지에서 집중 판매한 게 주효했다.

말레이시아, 몽골 등 한국 못지않게 매운맛을 즐기는 국가들에서 인기를 얻고 있다.

21일 업계에 따르면 이마트24는 지난 16일 말레이시아 셀랑고르에 현지 3호점을 문 열었다. 이달 말에는 쿠알라룸푸르에 4호점을 개점할 예정이다. 지난 6월 쿠알라룸푸르에 1호점, 7월 2호점을 오픈한 이후 코로나19 상황을 지켜보던 이마트24가 계획대로 해외 점포 확장을 이어가고 있는 것이다.

점포가 들어서는 상권도 다양해지고 있다. 1호점은 오피스 상권에 선보인 데 이어 2·3호점은 주택가에 오픈했고 4호점은 주상복합 상권에 낼 예정이다.

국내 편의점 브랜드가 해외에서 인기를 끄는 데는 'K-스트리트 푸드(한국식 길거리 음식)'가 한몫했다. 이마트24 말레이시아 1·2호점의 판매 데이터를 분석한 결과 컵밥·떡볶이·닭강정·빙수·삼각김밥 등 즉석 먹거리 매출이 전체 매출의 50%에 달했다.

실제 이마트24는 말레이시아와 즉석 먹거리 상품 전략을 수립할 때 우리나라 길거리 음식을 현지인들이 경험할 수 있도록 상품 개발에 집중했다. 1·2호점 오픈 초기 각 점포에서 컵밥·떡볶이·닭강정은 하루 최대 1,000개가 판매되며 이틀치 여유 있게 준비해 둔 재고가 일찌감치 동났다.

해외 점포를 확장하는 건 이마트24뿐만이 아니다. BGF리테일(175,000 +0.29%)이 운영하는 CU도 지난 4월 1일 쿠알라룸푸르에 말레이시아 1호점 'CU 센터포인트점'을 열었다. 개점 직후 열흘간 다녀간

정의와 공정

방문객만 1만 1,000여 명이다. 하루 평균 1,000명가량이 방문한 것으로 한국 편의점의 점당 평균 객수 대비 약 3.3배 높은 수치다.

지난 4월 1일 쿠알라룸푸르에 문을 연 'CU 센터포인트점' 모습. 사진 BGF리테일 제공

특히 현지 코로나19 방역수칙 준수를 위해 오전 8시~오후 10시로 점포를 단축 운영하고 동시 출입 인원을 30명 내외로 제한한 점을 감안하면 앞으로 방문객이 더 늘어날 것으로 예상된다.

이 기간 CU 말레이시아 점포에서 매출 상위권에 이름을 올린 제품 역시 대부분 한국 음식이었다. 1위 떡볶이, 2위 닭강정, 4위는 전주비빔 삼각김밥이었다. 특히 닭강정, 핫도그, 짜장 떡볶이, 어묵 등 한국식 즉석조리 식품은 전체 매출의 36%를 차지했다.

GS25 몽골 니스렐점 모습. 사진 GS리테일 제공

올해 5월 몽골에 진출한 GS25의 성장세도 눈에 띈다. 몽골 내 신규 점포를 연 지 열흘 만에 3만여 명이 GS25 매장을 찾았다. 이곳에서도 한국 즉석 음식 인기가 두드러졌다. GS리테일(34,150 +0.44%)에 따르면 몽골 점포 매출에서는 도시락, 주

먹밥 등 간편식 비중이 전체의 49.4%를 차지했다.

몽골의 음식 문화에 맞춘 현지화 전략도 통했다. GS25의 원두커피 자체상표(PB) 상품인 '카페25'의 생우유라떼는 몽골인 등 유목민이 선호하는 생우유를 넣어 하루평균 200잔 이상씩 팔렸다. 우유 분말을 제공하는 일반 카페라떼와 다른 점이다.

GS리테일은 현지화 전략을 토대로 연내 몽골 내 점포 수를 늘려나갈 예정이다. 회사 관계자는 "현지 파트너 숀콜라이 그룹도 뜨거운 반응에 놀라움을 표하고 있다"며 "그룹 내 풍부한 자금력을 바탕으로 GS25가 현지에서 빠른 사업 전개를 할 수 있도록 적극 지원할 것"이라고 밝혔다.

5

동남아 女心 사로잡은 화장품…
'SNS 입소문' 타고 매출 급증

한국경제 윤희은 기자 2021.06.24.

이달의 무역인상

이지은 페렌벨 대표

지난 4월 동남아시아 최대 온라인 쇼핑몰 '쇼피'에서는 '썸바이미'라는 이름의 뷰티 브랜드가 전체 화장품 카테고리 매출 2위를 차지했다. 국내에서는 다소 생소하지만 베트남 등에서는 '국민 토너'로 불리는 제품을 내놓아 유명 브랜드로 떠오른 곳이다. 이 브랜드를 출시한 이지은 페렌벨 대표(사진)는 뛰어난 수출 성과를 인정받아 23일 한국무역협회와 한국경제신문사가 선정한 '제138회 한국을 빛낸 이달의 무역인'에 뽑혔다.

동남아 사로잡은 여드름 토너

이 대표는 대학 졸업 직후 화장품과 홍삼을 수출하는 무역업에 뛰어들었다. 의류 공장을 운영하는 어머니를 돕다가 그곳에서 일하는 베트남인 사이에서 국산 화장품과 홍삼의 인기가 높다는 것을 안 게 계기였다. 사업은 꾸준히 번창해 연매출이 80억원까지 올라갔다.

사업이 자리를 잡아가면서 갈증을 느꼈다. 기성 화장품을 수출하는 것에 그치지 않고, 자신의 브랜드를 만들어 대중에게 선보이고 싶다는 생각을 품었다. 평소 여러 화장품 성분에 관심을 기울이던 이 대표는 2014년 페렌벨을 설립한 뒤 집중적으로 제품 연구를 시작했다. 썸바이미라는 뷰티 브랜드 이름도 정했다.

1년의 연구개발을 거쳐 '아하 바하 파하 미라클 토너'가 탄생했다. 여드름을 진정시키는 필링 성분인 아하(AHA), 바하(BHA), 파하(PHA)에 티트리를 섞어 완성한 제품이다. 당시 시중에 비슷한 제품이 없다는 것을 분석한 결과다.

이 대표는 평소 거래하던 동남아 무역회사에 이 제품을 납품했다. 반응은 폭발적이었다. 로드숍 브랜드보다는 비싸지만 백화점 브랜드에 비해 저렴하면서 여드름 진정 효과가 뛰어나다는 점이 인기 요인이었다. 한국 제품이라는 후광 효과도 만만치 않았다. 이 대표는 "한국 여성처럼 깨끗한 피부를 가지길 원하는 동남아 소비자에게 아하 바하 파하 미라클 토너가 제대로 먹혔다"고 설명했다.

매출의 95% 해외에서 발생

페렌벨은 지난해 727억원의 매출을 올렸다. 매출의 95%는 해외에서 나온다. 베트남 인도네시아 말레이시아 등 동남아 국가가 최대 고객이다.

폭발적인 성장 배경에는 이 대표만의 브랜드 전략이 있다. 그는 아하 바하 파하 미라클 토너 이후 미백 효과를 갖춘 '썸바이미 유자 라인', 모공을 좁혀주는 '썸바이미 말차 라인' 등 소비자 수요가 있는 기능성 화장품을 줄줄이 출시했다. 이 과정에서 이 대표는 썸바이미를 '신뢰를 주는 브랜드'로 각인시켰다. 페이스북·인스타그램 등 SNS를 통해 세계 소비자와 꾸준히 소통하고, 온라인으로 신청한 각국의 문의를 무조건 12시간 안에 회신할 수 있도록 체계를 갖췄다.

이 대표는 "썸바이미를 애플처럼 확고한 개성과 신뢰도를 지닌 브랜드로 끌어올리는 게 목표"라고 했다. 특히 SNS는 이 대표가 가장 신경 쓰는 마케팅 창구다. 인스타그램의 썸바이미 인도네시아 계정 팔로워 수가 38만 명에 이른다. 글로벌 공식계정 팔로워 수는 약 20만 명이다. 그는 "고객과 가까워질수록 썸바이미의 경쟁력이 올라간다"고 했다. 최근에는 K뷰티 불모지로 꼽히는 중동시장 공략에 공을 들이고 있다.

이 대표는 "최근 중동 온라인 시장에서 썸바이미 제품이 높은 매출을 올리고 있어 현지 오프라인 매장 입점을 강화하기로 했다"고 했다. 페렌벨은 일본 미국 유럽 등으로도 썸바이미 수출을 확대해나갈 계획이다.

6

먹는 화장품에 꽂힌 중국…
'미백·보습' 미용식품 시장이 뜬다

한국경제 채선희 기자 2021.03.19.

중국 미용식품 규모, 90억위안→164억 위안 '급성장'

미백, 노화 방지, 보습, 탈모예방 기능식품 소비

미국에 이어 전세계 화장품 소비 2위 국가인 중국에서 미용식품 시장이 급격히 성장하면서 우리 기업들이 서둘러 진출해야 한다는 분석이 나왔다.

한국무역협회 상하이지부는 19일 보고서를 통해 "중국에서 피부 기능 개선, 노화 예방 등 효과를 지닌 미용식품 시장이 빠르게 확대되고 있다"고 밝혔다.

중국의 미용식품 시장은 2016년 90억위안(약 1조 6,000억원) 수준이었으나 지난해 164억위안(약 2조 8,000억원)으로 커졌다. 2023년에는 238억위안(약 4조 1,000억원)까지 성장할 것이라는 전망이 나온다.

정의와 공정

품목별로는 미백, 노화 방지, 보습, 탈모예방 기능식품 위주로 소비가 많은 것으로 나타났다.

미백과 관련한 주 소비층은 지우우허우(1995~1999년생)로, 구매 시 비타민C 성분이 포함됐는지를 중요하게 여기는 것으로 조사됐다.

노화 방지 기능식품의 경우 빠링허우(1980년대생)와 지우링허우(1990년대생) 세대가 소비의 주축을 이뤘다. 이들은 식물성 화학물질 성분을 구매 우선 기준으로 삼았다.

보습 기능식품은 남녀노소 모두 인기가 좋았고 콜라겐 성분을 중요하게 생각했다. 탈모 예방 기능식품 시장은 성장 잠재력이 매우 큰 것으로 조사됐다. 아직은 규모가 작지만 중국인 6명 중 1명이 탈모 증상을 겪는 데다 전체 탈모인 중 41.9%가 26~30세의 젊은 연령층이기 때문이다.

심준석 무역협회 상하이지부장은 "미용식품은 보건식품으로 분류돼 수출 시 '보건식품판매허가증서'를 우선 취득해야 한다"며 "현지에서 마케팅할 때는 '중화인민공화국 광고법'을 철저히 준수하도록 주의해야 한다"고 강조했다.

7

"김치는 한국 것" 소신발언 햄지,
중국 보란듯이 김치먹방

조선일보 김승현 기자 2021.01.25.

'김치는 한국 음식'이라고 했다가 중국 소속사로부터 계약해지 통보를 받은 유명 먹방(먹는 방송) 유튜버 햄지(본명 함지형)가 25일 김장 담그기 영상을 올렸다.

유튜브

유튜브 구독자 542만명을 보유한 햄지는 이날 오후 유튜브 채널에 '리얼먹방 김장 김치 담그기'라는 제목의 영상을 올렸다.

11분 분량의 영상에서 햄지는 직접 배추와 김장용 야채를 다듬고, 김장한 뒤 수육과 김장김치를 먹었다. 햄지는 "11월에 우리 음식을 알리기 위해 농림축산식품부와 협업으로 제작했던 콘텐츠"라고 밝혔다.

해당 영상은 업로드 4시간만에 조회수 41만 5,000회가 넘었다.

[햄지]Hamzy ✔ · 2시간 전(수정됨)
중국인들을 전부 욕한다고 알려져서 소속사에서
사과한거같은데 저는 김치나 쌈이 당연히
우리나라 음식이라고 생각하고 그거가지고
논쟁이 되는거 자체가 말이 안된다고 생각하는
입장입니다.

먹방 유튜버 햄지의 유튜브 댓글 중 일부.
유튜브

햄지가 중국 네티즌으로부터 비난을 받기 시작한 것은 지난해 11월 우렁쌈밥, 매콤제육볶음 먹방 영상을 올린 이후였다. 해당 영상에 한 네티즌이 "쌈 문화가 자신들(중국)의 것이라고 우기는 영상을 보고 화가 났는데, 햄지가 쌈을 싸먹는 영상을 올려줘서 기쁘다"는 댓글을 달았고, 햄지가 '좋아요'를 눌렀다. 이 사실이 번역돼 중국판 트위터인 웨이보에 공유되면서, 중국 네티즌들은 햄지를 비난하기 시작했다.

이후 햄지는 자신의 영상 댓글에 "김치와 쌈은 한국음식인데 (내 발언이) 뭐가 잘못됐다는 건지 모르겠다"는 취지의 댓글을 거듭해서 올렸다. 논란이 커지자, 결국 햄지의 중국 소속사는 지난 17일 계약 해지를 통보했다. 웨이보나 동영상 서비스 비리비리(哔哩哔哩 · bilibili) 등 중국 플랫폼에서 햄지의 동영상이 삭제됐다.

네티즌들은 햄지의 김장 먹방 영상에 "중국 사건으로 신경쓰였는데 이렇게 멋지게 반격하다니 응원한다" "햄지님의 소신 있는 행보 정말 멋지다" 등의 응원 댓글을 올리고 있다.

8

프랑스에 '케이뷰티(K-beauty)' 붐 일으킨 20대 청년 사업가

조선일보 톱클래스 글 | 최선희 객원기자 사진 | 서경리 기자 2020년 4월호

　전 세계 젊은이들을 사로잡은 케이팝(K-POP)의 인기는 패션·미용·음식 등 한국 문화 전반에 걸친 관심으로 확장되고 있다. 그중에서도 화장품은 가장 큰 수혜자로 꼽힌다. 가파른 성장세를 보이는 세계 화장품 시장에서 한국 화장품과 화장법을 통칭하는 '케이뷰티(K-beauty)'는 이미 새로운 트렌드로 자리 잡았다.

　최근에는 화장품의 본고장 격인 프랑스에서도 케이뷰티에 대한 관심이 높아졌다. 그 발원지는 바로 프랑스 현지의 SNS 인플루언서들이고, 그 뒤에는 이들을 공략해 우리나라 화장품의 우수성을 적극 알리고 있는 함동혁 빠남 대표가 있다.

함 대표는 2013년 대학교 1학년을 마치고 프랑스로 워킹홀리데이를 떠나 4년간 지냈다. 그곳에서 어학연수, 한 학기의 대학 생활, 취업, 통역 아르바이트, 유튜버 등 다양한 활동을 했다. 그 경험을 바탕으로 한국과 프랑스, 두 나라를 잇는 '문화 가교'가 되겠다는 야심 찬 꿈을 안고 2018년 4월 청년 창업가의 길에 들어섰다. 회사 이름인 '빠남'은 파리의 옛 이름에서 따왔다.

"프랑스 사람들이 한국 문화에 대해 너무 모르더라고요. 자연스럽게 관심을 갖게 하려면 제품에서 시작하는 게 좋겠다고 생각했어요. 그러다 화장품을 떠올렸죠. 한류 바람을 타고 케이뷰티가 전 세계로 퍼지고 있고, 화장품은 프랑스 사람들의 주요 관심사니까 충분히 호기심을 끌 수 있을 것 같았어요. 그래서 인플루언서들을 활용했습니다. 화장품은 경험자의 조언이 특히 중요한데, 이들이 인스타그램에 올린 한마디가 때로는 광고보다 파급력이 더 크거든요."

현지 인플루언서 100명 네트워크

이들에게 제공되는 제품은 대부분 중소기업 브랜드. 그가 직접 케이뷰티 관련 박람회들을 찾아다니며 선별한 것들로, 기초부터 색조까지 다양했다. 그러나 예상치 못한 문제가 생기면서 창업 첫해는 그야말로 '쫄딱' 망했다. 좋은 제품을 제공해 인플루언서들의 호평을 이끌어내고, 이것이 다시 판매로 이어지는 선순환을 꿈꿨지만 제품 값과 맞먹는 높은 배송료를 감당하기가 어려웠다. 제품 구입비와 직원들 인건비로 사용한, 일부 기관에서 받은 청년창업지원금은 고스란히 빚으로 남았다.

"사업을 접어야 하나 심각하게 고민했어요. 하지만 창업에 대한 열망이 너무 컸기 때문에 전략을 바꿔 다시 도전했어요. 처음엔 무조건 판매를 목적으로 제품을 협찬했다면 이제는 경험을 먼저 주는 쪽으로요. 꾸준히 좋은 제품을 소개함으로써 케이뷰티에 대한 인식을 새롭게 하고, '빠남이 제공하는 브랜드는 믿을 만하다'는 신뢰를 쌓는 게 더 중요하겠더라고요. 저희 회사와 함께하는 인플루언서들이 100명이 넘어요. 저는 그들을 단순히 SNS 유명인이 아닌, 사업 파트너라고 생각합니다. 제가 모두 일일이 연락하고 섭외하고 직접 만나기도 하면서 만든 네트워크라 소중한 자산이죠. 그래서 좀 더 장기적인 관점에서 이들을 회사 성장의 동력으로 만들어가야겠다고 생각했어요."

20개 숍인숍 매장 준비 중

그의 판단은 옳았다. 인플루언서들을 통해 입소문이 나면서 케이뷰티를 알게 된 사람들이 많아졌고, 뜻밖의 성과로도 이어졌다. 빠남 덕분에 프랑스에서 인지도가 높아진 한 브랜드가 최근 '프랑스 현지 피부 관리 매장에서 극찬받은 화장품'이라는 타이틀을 달고 홈쇼핑에 진출한 것. 그는 이 브랜드의 홍보 영상 제작을 의뢰받아 프랑스 현지에서 실제 사용자들을 대상으로 촬영을 진행했다. 이후 인플루언서 마케팅 대행, 홍보 영상 제작 등이 새로운 수익 모델로 떠올랐고, 이를 계기로 B2B 사업도 준비 중이다.

"현지에서 만난 피부 관리 매장 운영자들이 '한국 화장품을 좀 더 다양하게 써보고 싶은데 소량으로 구입하는 게 어렵다'며 저희에게 구해줄 수 있겠냐고 물어보더라고요. 그래서 매장 안에 숍인숍(Shop in Shop) 형태로 쇼룸을 만들어 다양한 제품을 선보이고, 체험과 구매도 연결해볼 계획입니다. 프랑스 피부 관리 전문가들이 보증하는 제품이라는 인식이 생기면 브랜드에도 이익이고, 화장품 산업에서 메이저리그 같은 프랑스에 케이뷰티가 본격적으로 진출한다는 점에서도 의미가 있을 것 같아요. 현재 20개 매장이 긍정적인 반응을 보이고 있습니다."

5월에는 프랑스 현지인 인턴도 합류한다. 프랑스인 인턴은 온라인 기반으로 현지에서 일한다. 빠남의 인기를 증명하듯, 한 명을 뽑는 인턴 채용 공고에 프랑스 전역에서 80명 정도가 지원했다. 대부분 한국어를 공부하고 있거나 한국 문화에 관심 있는 학생들이다.

"올 6월에는 프랑스 중서부의 관광도시 투르(Tours)에 갑니다. 한국 문화 관련 행사를 하는데 케이뷰티 부스를 만들어달라는 연락을 받았어요. 제가 구상하고 있는 쇼룸을 팝업스토어로 같이 진행해보려 합니다. 연말까지 50개의 파트너 매장을 만들어 케이뷰티 브랜드들의 프랑스 유통 경로를 활짝 열어주고 싶어요. 그러면 가능성을 보고 뛰어드는 사람들이 많아질 거고, 시장도 그만큼 커지겠죠."

그는 "경쟁자가 더 많아지기를 바란다"고 했지만 시장 진입은 현실적으로 쉽지 않다. 한국어, 프랑스어, 영어 등 세 언어 모두 가능해야 하고, 인플루언서와의 신뢰도 단기간에 형성되는 것이 아니기 때문이다. 프랑스에서 케이뷰티 분야로는 빠남의 독주가 한동안 이어질 것으로 전망되는 이유다. 나아가 케이뷰티를 넘어 한국과 프랑스 양국의 문화 교류에 주도적 역할을 하고 싶다는 그의 꿈이 계획보다 더 빨리 이뤄질지도 모를 일이다.

9

'싱가포르 빅3 온라인몰' 뚫은
깨끗한나라

한국경제 윤희은 기자 2020.04.16.

최현수 대표 해외 진출 승부

라자다 · 쇼피 · 큐텐에 정식 입점

화장지와 물티슈 등 판매

코로나로 한국산 위생용품 인기

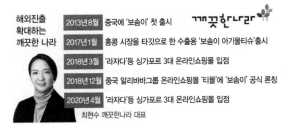

해외진출
확대하는
깨끗한 나라

2013년 8월	중국에 '보솜이' 첫 출시
2017년 1월	홍콩 시장을 타깃으로 한 수출용 '보솜이 아기물티슈'출시
2018년 3월	'라자다'등 싱가포르 3대 온라인쇼핑몰 입점
2018년 12월	중국 알리바바그룹 온라인쇼핑몰 '티몰'에 '보솜이' 공식 론칭
2020년 4월	'라자다'등 싱가포르 3대 온라인쇼핑몰 입점

최현수 깨끗한나라 대표

깨끗한나라

생활용품기업 깨끗한나라가 싱가포르 등 글로벌 시장 진출을 확대한다. 지난달 사장으로 승진한 최현수 대표(사진)가 '글로벌 승부수'를 통해 본격적인 실적 개선에 나섰다는 평가가 나온다.

깨끗한나라는 이달 초 싱가포르 3대 전자 상거래 플랫폼인 '라자다'와 '쇼피', '큐텐'에 정식 입점했다고 16일 밝혔다. 입점된 상품은 두루마리 화장지, 물티슈, 생리대 등 깨끗한나라의 주력 생활용품들이다. 특히 '순수한면 제로' 생리대의 현지 인기가 높은 것으로 알려졌다.

깨끗한나라는 2013년 중국에 유아용품 전문 브랜드 '보솜이'를 출시하며 해외로 나서기 시작했다. 이후 2017년 1월 홍콩 시장을 겨냥한 수출용 '보솜이 아기물티슈'를 선보였고, 2018년에는 중국의 온라인 쇼핑몰인 '징둥닷컴'과 '티몰'에 차례로 입점했다.

현재 진출한 국가는 중국과 홍콩, 대만, 싱가포르 등이다. 이 중 가장 큰 수출 시장은 중국이다. '한류 기저귀'로 불리는 보솜이 기저귀를 통해 다수의 고정 소비자를 확보했다.

깨끗한나라는 중국에 이어 싱가포르를 차기 글로벌 시장 거점으로 잡고 있다. 싱가포르 3대 온라인 채널을 기반으로 현지 인지도를 쌓은 후 오프라인 채널로 진출하는 전략을 세우고 있다. 이를 위한 마케팅 활동을 강화하는 한편 싱가포르 유명 슈퍼마켓인 '페어 프라이스' 오프라인 매장 입점을 추진하고 있다.

깨끗한나라 관계자는 "싱가포르는 전 인구의 80% 이상이 휴대폰을 사용하는 e커머스 요충지"라며 "이번에 입점한 라자다, 쇼피, 큐텐은 '동남아시아의 아마존'이라 불리는 현지 최대 온라인 플랫폼이기 때문에 깨끗한나라를 알리는 데 큰 효과를 볼 수 있을 것으로 기대하고 있

정의와 공정

다"고 설명했다.

이번 싱가포르 진출을 두고 제지업계에서는 "오너가 2세인 최 대표가 글로벌 전략으로 승부수를 둔 것"이라고 분석하고 있다. 최 대표는 최병민 깨끗한나라 회장의 장녀다. 지난해 2월 각자 대표 부사장에 오르며 본격적인 경영에 나섰다.

최 대표 취임 후 깨끗한나라는 빠르게 체질을 개선하고 있다. 지난해 상반기 실적 부진에 시달리며 매각설까지 나왔지만, 결과적으로 지난해 4분기 전년 동기보다 74% 늘어난 96억 원의 영업 이익을 기록하며 흑자 전환했다. 이는 최근 3년간 분기 기준 최대 실적이다.

최근에는 신종 코로나바이러스 감염증(코로나19) 여파로 제지주가 뛰면서 1년 10개월 만에 최고 주가를 기록했다. 지난 8일 깨끗한나라 주가는 한 달 전(3,230원)보다 50% 상승한 4,875원까지 올랐다. 2018년 6월 이후 4,800원 수준을 다시 회복한 것이다.

깨끗한나라 관계자는 "올해부터 싱가포르를 시작으로 세계 시장을 적극적으로 공략할 방침"이라며 "생리대, 물티슈 등 해외에 선보일 다양한 고품질 생활용품을 준비하고 있다"고 말했다.

10

연계 취업률 100%…
해외 기업으로 확대

한겨레 김지윤 기자 2021.09.07.

연재 | 이 대학 이 학과

연암공대 화공 · 기계융합(해외)반

연암공대 제공

"입학 때부터 해외취업에 관심이 많았어요. 지금은 폴란드에서 근무하고 있고요. 대학 다닐 때 소수 정예 교육을 받은 덕분에 전망이 좋은 에너지 업계에 취업할 수 있었지요."

현재 엘지(LG)에너지솔루션 폴란드 브로츠와프 법인에서 일하고 있는 김웅진씨의 말이다. 김씨는 연암공과대학교 기계공학과 재학 중 '화공 · 기계융합(해외)반'에서 트랙(track)제를 통해 심화 교육을 받으며 미래를 준비했다.

경상남도 진주시에 자리한 연암공대는 엘지가 설립하고 지원하는 공학계열 특성화 대학교다. 연암공대는 전자전기계열(2년제), 스마트전기전자공학과(3년제), 조선자동차항공기계계열(2년제), 기계공학과(3년제), 스마트소프트웨어학과(3년제) 등 5개 학과만 운영하며 소수 정예 교육을 하고 있다. 이 다섯개 학과 재학생 가운데 융 · 복합 트랙 교육과정인 '화공 · 기계융합(해외)반'에 들어가면 김씨처럼 해외 현지 법인에 바로 취업할 수 있다.

연암공대는 에너지 분야의 전문 기술 인력 수요가 급증함에 따라, 배터리 관련 자동화 장비를 모니터링하고 운용할 수 있는 인재를 키우기 위해 화공 · 기계융합(해외)반을 개설했다. 해외 현지 공장에 즉시 투입될 수 있는 전문가 양성을 위해 실무 중심의 교육과정을 개발했고, 지난해에 이어 올해에도 맞춤형 교육과정(2기)을 진행하고 있다.

연암공대 기획처 강민환 팀장은 "최근 전기차 시장의 급성장으로 배터리 시장 성장률도 가속화하고 있다"며 "에너지 산업 분야의 전지사업을 이끌고 있는 엘지화학 폴란드 법인의 인력 수요를 확인하고, 해외 현지에서 근무할 자동차용 배터리 제조 설비의 유지 · 보수 전문 인력을 양성하고 있다"고 말했다. "사회맞춤형 교육과정으로 화공 · 기계융합(해외)반을 개설했습니다. 현지의 자동차 배터리 제조 공정 현장 기술 습득을 위해 실제 근무하게 될 4개의 제조 공정 라인별로 특화된 교육과정을 개발 · 운영하고 있고요. 학생들의 해외 현지 적응력 강화를 위한 기본 교육, 어학 교육, 생활 정보 등 사전 교육도 진행하고 있지요."

화공·기계융합(해외)반에서는 엘지화학 해외 현장실습 학기제를 진행한다. 학생들은 지난해 9월 1일부터 11월 24일까지 폴란드 현지 법인에서 공정별 현업 실무자에게 교육과 지도를 받으며 생생한 전문기술을 익힐 수 있었다. 현장실습 학기제를 위해 지난해 7월 24일 엘지화학 오산 리더십센터에서 폴란드 전지생산법인 취업을 위한 국내 사전연수를 진행하기도 했다.

강 팀장은 "전기 배터리 기초 이론, 생산공정, 폴란드어 교육과 함께 단위 공정별 현장에 배치돼 현업 전문가에게 직접 지도를 받았다. 학생들은 현장실습 종료 후 폴란드 전지생산법인의 채용 과정을 거쳐 현장 테크니션으로 근무하고 있다"고 말했다. "엘지 연암학원의 전폭적인 지원 속에서 지난해 기준 연계 취업률은 100%입니다. 최근에는 엘지 계열사 외에도 강소기업, 해외기업으로까지 취업 저변을 확대하고 있고요."

연암공대는 링크(LINC+) 사회맞춤형학과 중점형 사업을 통해 대학과 기업의 공동 교육과정을 운영하며 채용 연계성을 높인 스마트팩토리 소프트웨어(SW)반, 엘지유플러스 네트워크 운영반, 생산기반기술반, 화공·전자융합반 등도 운영하고 있다.

11

"유턴 입학 뒤
일본 소프트뱅크에 취업했어요"

한겨레 김지윤 기자 2021.11.01.

연재 | 이 대학 이 학과
영진전문대 일본IT전공

학생들이 이데이 노부유키 소니 전 회장의 특강을 듣고 있다. 영진전문대 제공

"군 제대 후 대구에 있는 일반 대학에 복학했지만 결국 자퇴했어요. 좀 더 넓은 세상을 경험하고 싶어 해외취업을 목표로 정한 뒤 정보를 찾다가 전문대학에 들어왔죠. 입학 뒤 3년 만에 그 꿈을 이루게 됐습니다."

지난해 11월 글로벌 아이티(IT) 대기업인 일본 소프트뱅크에 입사한 김명종(28)씨의 이야기다. 김씨는 영진전문대 일본아이티전공(컴퓨터정보계열)에 입학한 뒤 전공과 일본어, 해외취업까지 세 마리 토끼를 모두 잡았다.

소프트뱅크 입사 동기인 박언채(27)씨도 일반대학 일본학과에 입학했다가 이 대학 이 학과로 유턴 입학했다. 박씨는 "고등학생 때 공부에 전혀 관심이 없어 부모님에게 걱정만 끼치는 못난 아들이었다. 군복무 중 단 몇 줄의 코드만으로 주변 동료들을 편리하게 해줄 수 있다는 점에 매력을 느껴 이 대학에 입학했고 해외 취업에도 성공했다"고 말했다.

영진전문대는 2007년 '해외취업특별반'을 만들었다. 소프트뱅크 28명, 라쿠텐 15명, 엔에이치엔(NHN)재팬 7명, 후쿠오카은행 2명 등 지금까지 185명의 졸업생이 해외 취업에 성공했다. 김씨는 "일본어와 전공 모두 일본 현업에서 활동할 수 있는 수준이 돼야 한다. 아침 9시부터 오후 6시까지 문법과 원어민 교수님의 발음 수업, 전공 과목을 공부하고 저녁 7시부터 늦은 밤까지 자율학습을 했다"고 말했다. "언어와 전공 모두 잘 배우고 졸업했어요. 소프트뱅크의 여러 부서에서 전반적인 아이티 지식을 연마해 글로벌 수준의 분석 플랫폼을 만들 수 있는 데이터 분석 전문가로 성장하고 싶습니다."

일본아이티전공은 컴퓨터정보계열 신입생 중 일본 취업 희망자를 면접 등을 통해 선발한다. 일본 기업에서 적용하는 직무적성검사(SPI)를 거쳐 뽑는다. 소프트웨어 개발자로서 전공과 일본어 실력 향상을 위한 교육을 기본으로 진행하고, 3학년은 현장 실무를 직접 체험하는 소프트웨어 개발 실무 프로젝트에 참여하게 된다.

김종율 교수는 "특히 일본어는 자격 수준 이상의, 업무에서도 원활한 소통이 가능하도록 원어민 전담교수가 밀착 지도한다. 의사소통은 물론 프레젠테이션에도 능숙하도록 실무 일본어 능력 향상에도 많은 공을 들이고 있다"고 말했다. "2학년 여름방학에는 학생들을 일본에 6주간 파견해 기업 간부진 특강과 기업체 견학, 전공 수업 등을 진행합니다. 현지 기업 문화와 근무 환경을 피부로 느끼게 해 일본 취업에 대한 동기를 부여하는 것이지요. 3학년 2학기에는 일본 도쿄 현지에서 기업체 인사 초청 면접회를 열고 기업 대표진의 특강을 들으며 취업 준비를 합니다."

2019년 연수 때는 이데이 노부유키 전 소니 회장이 일본 연수 중인 학생들에게 글로벌 인재상에 관한 특강을 진행하기도 했다. 김 교수는 "2016년부터 매년 10월, 일본 아이티기업 등 업체 관계자를 대학으로 초청해 해외 취업 박람회를 열어 기업과 학생들이 구인·구직하면서 상호 탐색하는 기회를 부여한다"고 말했다. "우리 전공 학생들은 대다수가 일본 취업이라는 뚜렷한 목표로 입학합니다. 학기 중엔 늦은 밤까지, 방학 때 역시 학생과 교수가 학교에 나와 오전 전공, 오후 일본어를 비롯해 밤 10시까지 야간 자율학습을 하면서 실력을 쌓고 있지요. 덕분에 그 '내공'을 해외 기업들이 인정하고 있습니다."

신체적인 장애나 정신적인 장애, 그리고 열악한 환경 등 온갖 장애와 한계를 극
복하고 각고의 노력과 불굴의 도전 정신으로 새로운 가치 또는 자신의 목표를
향해 나아가거나 영광스런 자리에 올라선 실제 사례들을 실었습니다.

여러분은 여기에서 여러 가지 지식과 지혜, 희망과 용기를 얻어 미래를 향한 새
로운 도전의 기회로 삼을 수도 있을 것입니다.

인생이 결코 단거리 경주는 아닙니다. 인간의 인내와 끈기의 위대성을 보여 주
는 마라톤과 같습니다.

4장

한계를 극복한
인간승리의 주인공들

1

주도적인 사람은
걸림돌을 디딤돌로 만든다

한겨레 문병하 목사(양주덕정감리교회) 2021.11.17.

사진 호날두 페이스북 갈무리

알코올중독자 아버지, 청소부 어머니, 마약중독자 형이 있는 빈민가 가정에서 태어난 소년이 있었다. 부모는 디딤돌이 아니라 걸림돌이 될 수밖에 없는 조건이었다. 소년은 가족을 먹여 살리는 어머니가 청소부 일을 하는 것이 너무 부끄러웠다. 그런데 어느 날 놀이터에서 혼자 흙장난을 치다가 우연히 날아온 축구공을 찼다. 그때 처음으로 희열을 느꼈다. 소년은 청소부 어머니에게 말했다. "어머니 저도 축구 하고 싶어요. 축구팀에 보내주세요." 그는 축구팀에 들어갔지만 가난하다는 이유로 경기에 한 번도 뛰지 못하고 조명이 꺼지고 모두 돌아간 뒤에는 혼자 남아 축구공을 닦아야 했다. 그런데다 선천적인 심장

정의와 공정

병 때문에 선수를 할 수 없다는 하늘이 무너지는 소리를 듣게 되었다. 소년은 '심장이 터져도 좋다'고 죽을 각오로 뛰었다. 소년은 그런 신체적인 조건과 환경에서도 열심히 훈련했다.

마침내 그는 세계 최고의 구단 중 하나인 '맨체스터 유나이티드' 퍼거슨 감독으로부터 선택을 받았다. 감독으로 전화를 받은 순간 그는 곧바로 어머니에게 전화를 했다. "어머니 더 이상 청소부 일을 하지 않으셔도 돼요." 그때 어머니는 아무 말씀 없이 수화기를 잡고 울었다. 구멍 난 축구화에 외톨이, 심장병을 가진 소년이었던 그 소년은 축구 선수 '호날두'로 성장했다.

환경이 인생을 결정하는 것이 아니라 환경에 대해 어떠한 태도를 선택하느냐에 따라 달려있습니다. 우리 사회는 어떤 부모 밑에 태어났느냐에 따라 금수저 흙수저로 낙인찍고 있습니다. 더 큰 문제는 그 부모의 환경을 자신의 운명으로 받아들이고 절망하는 것입니다. 그러나 주도적으로 인생을 사는 사람은 자신에게 놓인 환경을 걸림돌로 보는 것이 아니라 디딤돌로 만드는 사람입니다. 걸림돌을 디딤돌로 만드는 과정에서는 혹독한 역경과 시련을 극복해야 합니다.

美 물리학계 유리천장 깼다…
회장단 입성 韓 여성 과학자 비결

중앙일보 최준호 과학 · 미래 전문기자 논설위원 2021.09.12.

[인터뷰] 김영기 미국 시카고대 석좌교수

지난 8일 미국 물리학회 선거에서 부회장 겸 차기 회장단에 오른 김영기 시카고대 물리학과 석좌교수. 부회장과 차기 회장을 거쳐 2024년에 회장에 오른다.

"키 155㎝, 조그만 아시아 여성이 미국 대학 강단에 서니, 처음엔 아무도 교수로 보지 않았어요. 하지만, 달리 보면 그게 나를 단 한 번에 기억하게 하는 장점이 될 수도 있죠."

국내에서 대학을 졸업한 한국 여성 과학자가 백인·남성이 주류인 미국 과학계의 유리천장을 깼다. 지난 8일 미국 물리학회(APS·American Physical Society) 선거에서 부회장 겸 회장단에 오른 김영기(59·사진) 시카고대 물리학과 석좌교수의 얘기

정의와 공정

다. 그는 내년 부회장을 거쳐, 2023년 차기회장, 2024년 회장에 오른다. 미국 물리학회는 매년 이맘때 선거를 통해 부회장과 차기회장, 회장 등 회장단을 뽑는다. 각각의 임기는 1년으로, 부회장은 이듬해에 차기회장으로, 그다음 해엔 회장에 자동 취임한다.

한국인이 미국 물리학회 회장에 오르는 것은 1899년 학회 창립 이후 처음이다. 독일 물리학회에 이어 세계에서 둘째로 큰 물리학자 단체인 미국 물리학회는 역할로 보면 세계 최대다. 노벨 물리학상의 산실인 미국 물리학회를 이끄는 역할뿐 아니라, 행정부의 과학정책 자문, 입법부의 관련 입법활동에 대한 지원, 과학 대중화 등 다양하다. 회원이 약 5만 5,000명, 이 중 25%가 외국학자다. 중앙일보가 12일 오전 화상회의 시스템으로 미국 시카고 자택에 있는 김 교수를 인터뷰했다. 컴퓨터 스피커 너머로 진한 경상북도 억양의 목소리가 들려왔다.

Q. 미국 물리학회 회장단에까지 오른 비결이 뭔가

A. 연구자로서 내 일을 꾸준히 하다 보니 여기까지 온 것 같다. 그간 여러 가지 일에서 리더십을 보여줄 기회가 많았고, 그렇게 신뢰를 쌓아온 것 같다. 그러다 보니 점점 더 큰 단체를 맡게 됐다.

(사실 김 교수는 진작부터 세계 물리학계에서 두각을 드러냈다. 고려대 물리학과에서 학·석사 학위를 마치고, 미국 유학을 떠나 입자물리학의 산실인 로체스터대 박사학위를 받았다. 이후 로런스 버클리 국립연구소 연구원과 페르미 국립가속기연

구소 부소장을 지냈다. 강단에서는 UC버클리대 교수를 거쳐 현재 시카고대 물리학 과장을 지내고 있다. 2000년에는 과학저널 디스커버리가 선정한 '21세기 세계과학을 이끌 과학자 20인'에 뽑혔고, 2008년에는 시카고 비즈니스가 선정한 '주목할 여성' (Woman to Watch)에 올랐다.)

Q. 미국 사회 속에서 아시아인 · 여성으로서 차별은 없었나.

A. 나는 그런 걸 잘 못 느끼는 스타일이다. 좋지 않은 건 새겨듣지 않고 훌훌 털어버린다. 다만 미국 사회 전체적으로 보면 그런 건 있다. 관련 연구도 있다. 미국 사회에서 승진이 가장 빠른 집단 이 백인 남성이다. 이후 백인 여성–흑인 남·여성–히스패닉 남·여 성–아시안 남성 순이다. 아시아 여성은 가장 밑바닥에 있다.

Q. 물리학은 천재들의 학문이라 불린다. 그것도 미국에서, 힘들지 않았나.

A. 그렇지 않다. 유학 오면 열심히 해야 한다고 생각했다. 다만 공 부 방식이 달라서 힘들 뿐이다. 한국은 주입식 공부 위주이지만, 미국은 그렇지 않다. 거침없이 토론하고 아이디어를 낸다. 난 한 국에서도 주입식 공부를 열심히 하는 스타일은 아니었다. 외우 는 걸 싫어하고 못했다. 다만 수학은 좋아하고 잘했다. 고교 시 절 친구들이 '수학의 여왕'이란 별명을 지어줄 정도로 수학엔 자 신 있었다.

Q. 언제부터 물리학자를 꿈꿨나.

A. 대학 1학년 때까지도 물리학자가 되리라고 생각해본 적이 없었다. 그땐 학부 1학년까지는 전공 없이 이공계 학부로 지냈다. 1·2학년 때까지 탈춤 동아리에 빠져 공부도 뒷전이었다. 노느라 학점이 시들시들했다.(C학점, D학점이란 얘기) 친구들 얘기를 듣고 입자물리학의 세계를 알게 됐고, 3·4학년 때부터 본격적으로 공부했다. 물론 이후엔 학점이 좋았다.

Q. 입자물리학은 어떤 학문인가.

A. 입자물리학은 인간이나 지구·우주를 만들고 있는 기본 알맹이를 찾는 것이다. 어떤 힘이 작용해서 우주를 만들었는지, 그 구성원과 힘의 작용을 연구하는 거다. 어떻게 보면 가장 근본적인 철학·종교의 물음과도 비슷하다. 나는 과학자로서 그런 의문을 실험적으로 밝혀내는 연구를 한다. 우주의 나이가 약 140억년이다. 탄생 초기에는 점처럼 아주 작고, 고온·고에너지의 우주였는데, 이렇게 커졌다. 입자, 즉 작은 알맹이는 우주 초기와 관계가 있다. 입자를 연구하면 우주 탄생과 진화의 비밀을 밝혀낼 수 있다.

Q. 최근 입자물리학의 핫이슈는 뭔가

A. 그간 새로운 입자들이 발견됐는데, 아직 '왜'라는 질문에 답을 못

찾고 있다. 예를 들어 전자의 질량을 측정하고, 힉스 입자가 전자에 질량을 준다는 것도 밝혀냈다. 하지만 왜 그런 현상이 생기는지는 알지 못한다. 우주 전체 물질의 84% 이상을 차지하는 암흑물질은 입자물리로 설명이 안 된다. 이런 질문에 대한 연구자들이 도전이 계속되고 있다.

Q. 미국 물리학계를 이끌 회장단으로서의 비전을 말하자면.

A. 모든 사람이 똑같은 생각을 하면 과학이 발전할 수 없다. 다양한 사람들이 모여 의견도 충돌하면서 과학이 발전한다. 국적이나 인종·성별의 차별 없이 연구할 수 있는 풍토를 만드는 데 기여하겠다. 미국 물리학계도 아직 여성은 20%에 불과하다.

Q. 한국 과학계에 대해 한 말씀 부탁한다.

A. 한국 과학계가 그간 많이 발전이 있었다. 1986년 한국을 떠날 때와 비교하면 어마어마하게 차이가 크다. 그래도 말할 게 있다면 순수과학은 좀 더 진득한 것이 있어야 한다고 얘기하고 싶다. 어떤 학문은 결과가 빨리 나올 수도 있지만, 어떤 학문은 한 세대에서 두 세대까지 걸릴 수도 있다. 예를 들어 힉스 입자나, 중성미자가 질량이 있는지 없는지 이런 연구의 결과를 찾는 데는 40년이 걸렸다. 먼 미래를 보는 여유를 주는 문화가 됐으면 한다. 물론 어느 나라나, 여기 미국도 쉽지 않은 것이기도 하다.

정의와 공정

김영기 교수는

1962년 경북 경산 출생

1984년 고려대 물리학과 학부 졸업

1986년 고려대 물리학과 석사

1990년 미국 로체스터대 박사

1990~1996년 미국 로런스 버클리 국립연구소 연구원

1996~2002년 미국 버클리 캘리포니아대 교수

2003년~현재 미국 시카고대 물리학과 교수

3

성적이 조금 부족했던
안 군은 어떻게 하버드에 합격했을까

조선일보 김형석 연세대 명예교수 2019.11.09.

미국 버지니아주에 사는 한국 가정이 있다. 그 집 아들 E 군은 성적이 우수한 모범생이었다. 흠잡을 데 없을 정도로 잘 자랐다. 고교를 졸업하면서 미국 동북부에 있는 하버드대, 예일대 등에 입학원서를 제출했다. 그런데 네 대학 모두 그를 받아주지 않았다. 할 수 없이 버지니아주립대로 갔다.

또 한 학생은 프로비던스에 사는 내 제자 안 교수의 아들이다. 학교 성적은 E 군만은 못 하지만 정구 선수로 친구들을 가르칠 정도였다. 미술에도 조예가 깊었다. 고교 때 학생회장이었고 독서를 즐기는 모범생이었다. 교회에 다니면서 봉사 활동에도 참여했다. 안 군은 세 대학에서 입학이 허락되었는데 하버드대를 선택했다.

누군가가 하버드대에 "왜 성적이 더 우수한 E 군보다 안 군을 택했느냐"고 묻는다면 어떤 설명을 했을까. 아마도 이렇게 답할 것이다.

정의와 공정

"고등학생이 지금 어느 정도 지식을 갖고 있는가는 중요하지 않다. 우리 대학이 원하는 학생은 장차 사회의 지도자가 될 유능한 인물이다. 성적은 A급이면 충분하고, 어느 정도 예술성을 갖추었는가도 중요하다. 사회에 적응할 수 있는 리더십의 유무도 살펴야 한다. 건강도 필수 조건이지만 봉사 정신도 있어야 한다. 성적은 그 여럿 중 하나일 뿐이다."

요사이 우리는 대통령까지 앞장서 대학 입시의 공정성을 걱정한다. 무엇을 위한 공정성인가 물어야 한다. 수능 시험의 석차도 중하다. 그러나 기억력 위주의 수능 시험이기 때문에 대학 생활의 필수 조건인 이해력과 사고력을 측정하기는 어렵다. 학문적 성공을 위해서는 주어진 목표를 성취할 창의력이 앞서야 한다. 입시 성적으로는 창의력을 측정하기 어렵다. 그래서 수능 시험에서 A급이던 학생이 졸업 때는 C급으로 떨어지고, C급이던 학생이 A급으로 올라가는 경우도 많다. 인간 평가의 공정성은 현재의 지식 평가로 끝나지 않는다.

더 큰 문제는 백년대계의 대학 교육을 대통령이 직접 지시하고 한 달 후에 교육부 장관이 정책을 발표하는 선진국은 어디에도 없다는 점이다. 교육은 교육 전문가에게 맡겨야 한다. 대학은 무엇보다도 자율성이 필요하다. 영국의 옥스퍼드나 케임브리지 대학은 어떤 정권보다 국가적 공헌이 앞섰다. 정신적 지도력과 인재를 산출했기 때문이다. 물론 일부 자질이 부족한 교육자와 학부모가 반(反)교육적 욕심으로 아들딸을 '양심의 전과자'로 만드는 우를 범했다. 교육의 정도를 권력층이 악용하는 불행한 사례가 있었다. 그런 사회악은 제재해야 한다.

그러나 '구더기 무서워 장을 못 담근다'면 식생활 전체가 버림받는다. 선으로 악을 극복하는 역사의 과정은 정권 5년으로 해결되지 않는다. 공정한 사회는 정의를 위하는 의무와 희망에 국민 전체가 동참해야 가능하다. 정권이 아닌 학생들의 인격과 국가의 장래를 위한 교육계 전체의 협력에서 이루어진다.

교육은 정부의 행정에 맞추는 것이 아니다. 장차 국가를 이끌어 갈 지도자를 육성하는 것이다.

4

[최영해의 THE 이노베이터] "누구든 고생의 강 건너야 성공… 금수저도 바닥부터 시작해야"

동아일보 최영해 기자 2021.09.01.

강관 유통업체 강림CSP 임수복 회장

임수복 강림CSP 회장은 제2의 인생을 즐기고 있다. 그는 동아일보와의 인터뷰에서 "17년 전 폐암 선고를 받았지만 꿋꿋이 이겨낼 수 있었던 것은 나 자신을 내려놓고 사회에 조금이라도 기여해야겠다는 의지를 굽히지 않았기 때문"이라고 밝혔다. 이훈구 기자

부산에 본사를 둔 강관 유통업체 강림CSP의 임수복 회장(74)은 베트남전 참전용사다. 1969년 1월 베트남전에 자원입대해 냐짱(나트랑) 102후송병원에서 위생병으로 1년 4개월 동안 복무했다. 조선소와 화학회사에 필요한 강관 파이프를 조달하는 임 회장은 사업이 한창때인 2004년 폐암 선고를

받았다. 고엽제 후유증이었다. 5년 안에 죽을 것으로 예상하고 주변을 정리했다. 자식들에게 부동산과 자산 등 갈라줄 몫을 나누고, 불우한 청소년들을 돕겠다는 생각에 70억 원으로 장학재단과 문화재단을

만들었다. 역경을 이겨낸 모진 풍파세월을 기록한 자서전도 투병 중에 써놓았다. 그는 유기농 채소를 이용한 식이요법으로 폐암 진단 후 17년을 기적적으로 버텨냈다. 어느덧 70대 중반, 제2의 인생을 살고 있는 임 회장을 최근 서울 용산에 있는 서울사무소에서 만났다.

밀양실업고 상학과를 졸업한 임 회장은 철강업에 투신하면서 자재를 쌓아놓을 변변한 하치장 하나 없이 맨손으로 출발했다. 지금은 부산 강서구에 동양 최대인 3만 3,000m²(약 1만 평)의 스틸센터를 보유하고 있다. 고교 졸업 후 천일철강에서 9년 남짓 근무하다가 29세 때 독립해 1976년 강림파이프상사를 설립했다.

"1980, 90년대는 무척 어려운 시기였습니다. 늘 자금이 간당간당해 새벽 5시에 은행 지점장 집을 무작정 찾아가 무릎을 꿇고 '도와 달라'고 하소연한 적이 한두 번이 아닙니다. 저의 성실성을 믿고 도와준 분들이 있어 위기를 가까스로 넘겼습니다."

임 회장은 사업을 시작하면서 세운 3가지 원칙이 있다.

"잘난 체하지 않고 무조건 도와 달라고 했습니다. 낮은 자세로 배우겠다고 머리를 조아렸습니다. 사업가가 먼저 말을 많이 하는 것은 절대 금물입니다. 많이 듣고 배우고 모르는 게 있으면 묻겠다는 자세로 일했습니다. 일을 시켜만 달라고 했지요."

인맥도, 지연도, 학연도 없는 임 회장에겐 몸으로 때우겠다는 헌신

정의와 공정

적인 자세가 경영철학이자 소신이었다.

선박 건조에 필요한 강관을 안정적으로 공급하기 위해 일본 도요타 자동차를 방문한 임 회장은 당시 국내에선 생소한 JIT(Just-in-time · 적기 공급 생산) 시스템을 처음 도입해 사업을 한 단계 도약시켰다. 재고를 쌓아둘 필요가 없어 비용을 30~40% 절감할 수 있도록 한 덕분에 대한조선공사(현 한진중공업)를 시작으로 대우조선해양 현대중공업 삼성중공업 등 대기업에서 앞다퉈 임 회장 회사의 물량을 납품받았다. 2012년엔 수출 2억 달러 탑과 대통령표창을 받았다.

사업이 번창할 때인 2004년 일본 도쿄여자의대 부속병원에서 건강검진을 받다가 폐암 판정을 받았다. 그러나 종양 제거 수술 후 유기농 채소를 이용한 혈액 관리 등 대체의학 요법으로 병마를 꿋꿋이 이겨냈다. 농림축산식품부로부터 신지식농업인으로 선정된 임 회장은 고향인 경남 밀양에 오가닉 농장을 설립해 들깨에서 식물성 오메가3를 뽑아내 꾸준히 복용했다. 부산대와 함께 유기농 생들깨에서 식물성 오메가3를 추출하는 방법을 개발해 국내 특허도 받았다. 생들깨로 만든 기능성 화장품도 생산하고 있다.

임 회장은 요즘 불굴의 기업가정신을 청년들에게 불어넣는 일에 몰두하고 있다. 삼성생명이 주최하는 중견기업 2세 프로그램에서 공장을 찾는 이들에게 따끔한 쓴소리를 한다.

"사람이 성공하려면 큰 강을 건너야 합니다. 판검사든, 장차관이든,

과학자든, 사업가든 그 누구도 앞에 놓인 큰 강을 건너지 않고선 성공할 수 없습니다. 험한 강을 건너다가 부상자도 속출하고, 불구자가 되기도 하고, 눈앞에선 죽어 떠내려가는 사람도 나옵니다. 금수저인 여러분은 강 건너에서 태어나는 행운을 누렸습니다. 하지만 도강(渡江) 훈련을 제대로 하지 않은 사람들은 70% 이상 망하게 돼 있습니다. 의지가 약하기 때문입니다. 아버지 잘 만나 처음부터 이사, 상무 달면서 골프 치고 할 게 아니라 바닥부터 시작하십시오. 봉사도 하고 사회적으로 가치 있는 기업을 만들어야 합니다."

임 회장은 "한평생 살아보니 서울대 졸업생보다 농고 출신이 비즈니스를 훨씬 더 잘하더라"면서 "항상 고개 숙이고 도와 달라, 가르쳐 달라고 해야 한다. 굳건한 의지를 갖고 나서면 안 되는 일이 없다"고 강조했다.

정의와 공정

5

모텔은 그에게 최고의 일터였다…
'흙수저' 알바생 성공 신화

한국경제 강경주 한경닷컴 기자 2021.07.17.

[강경주의 IT카페] 10회

야놀자 이수진 대표
모텔 아르바이트하며 숙박업 생태계 체득
야놀자앱 성공으로 총 3,790억 투자금 유치
김범석 쿠팡 창업자와 성공 스토리 비교

이수진 야놀자 대표 사진 야놀자

손정의 일본 소프트뱅크그룹 회장이 운영하는 비전펀드로부터 2조원 규모의 투자금을 유치한 이수진 야놀자 대표의 '성공 스토리'가 재조명되고 있다. 찢어지게 가난하던 어린 시절부터 모텔 아르바이트를 하며 야놀자를 설립한 이후 '데카콘 기업'(기업가치 10조원 이상)으로 만들기까지 그의 삶을 따라가봤다.

찢어지게 가난했던 시절, '숙식 제공' 모텔은 최고의 일터

1978년 충북 충주에서 태어난 이 대표는 4살 때 아버지를 여의고 6살 때 어머니가 재혼으로 떠나면서 할머니 손에 자랐다. 초등학교 5학년이 될 때까지 기본적인 글자만 읽을 수 있을 정도로 열악한 교육 환경에 방치됐던 그는 6학년 때 신문배달을 하다가 중앙대 안성캠퍼스에 재학 중이던 형으로부터 무료 과외를 받았다.

대학생 형 덕분에 가까스로 학업을 이어간 이 대표는 중학교에 입학하자마자 자신을 키워주던 할머니마저 위암으로 잃는 슬픔을 겪었다. 다시 친척 집에 맡겨지면서 제대로 공부를 할 수 없었고 가정 형편까지 어려워져 인문계가 아닌 두원공업고등학교로 진학했다. 대학은 인하공업전문대를 가고 싶었지만 등록금이 비쌌다. 결국 학비가 저렴했던 천안공업전문대(현 공주대) 금형설계학과에 진학했다.

어렵사리 대학에 가긴 했지만 이 대표는 생활비 때문에 막노동을 했다. 군대 역시 돈을 벌기 위해 프레스 금형 설계를 하는 업체에서 병역특례요원으로 3년간 복무했다. 악착같이 일했던 이 대표는 4,000만원이라는 돈을 모았다.

가난에서 벗어나고 싶었던 이 대표는 주식을 하면 큰돈을 벌 수 있다는 말에 4,000만원을 종잣돈으로 투자를 시작했다. IMF로 경제가 어려웠던 시기, 주식 시장은 연일 폭락을 거듭했고 극도로 혼란한 상황이 이어졌다. 낮에는 일을, 밤에는 주식 투자 관련 서적을 탐독하며 주식판에 뛰어들었다. 하지만 그는 얼마 가지 않아 4,000만원을 모두 잃었다.

무일푼 신세로 갈 곳이 없어지자 이 대표는 모텔에서 알바를 시작했다. 숙식 제공이라는 조건에 주저 없이 선택했다. 돈 벌면서 밥도 먹고 잠도 잘 수 있다는 게 그로서는 최고의 일터였다. 이 대표는 청소부터 주방일, 주차관리 등 모텔 관리 전반을 경험했다. 누구보다 성실했기에 1년 만에 알바에서 매니저, 총지배인까지 초고속으로 승진하며 6,000만원을 모았다. 하지만 이마저도 샐러드 배달 사업에 손댔다가 실패해 모두 날려버렸다. 녹록지 않았던 세상, 그가 돌아갈 곳은 모텔뿐이었다.

모텔이야기→모텔투어→야놀자닷컴

2000년대 초반 무선인터넷이 일상화되고 다음 포털에 '카페' 문화가 싹텄다. 이 대표는 2002년 '모텔이야기'라는 다음카페를 만들고 그곳에 자신이 아는 모텔 지식을 공유했다. 모텔 알바, 지배인, 모텔용품 납품 업체, 인테리어 종사자까지 카페로 모여들었다. 카페 가입자는 금방 1만명을 넘어섰다. 이 대표는 모텔이야기를 발판 삼아 숙박업 구인구직 및 모텔 용품 거래 중개 사업을 시작했다.

사업은 생각대로 되지 않았다. 위기가 이어지던 상황에서 이 대표는 '모텔투어'라는 다음 카페 운영자로부터 카페를 인수해 달라는 제안을 받았다. 당시 모텔투어는 모텔 카페 중 3위 규모를 자랑했다. 이 대표는 고민 끝에 모텔투어를 500만원에 인수했고 1년 만에 회원수 30만명의 대규모 플랫폼으로 성장시켰다.

모텔투어가 대박났지만 사업 성공으로 이어지지 않았다. 상표권 분쟁과 개발 인력 빼가기 등등 순탄치 않은 과정을 겪었다. 하지만 이 대표는 좌절하지 않고 모텔투어 대신 2007년 2월 '야놀자닷컴'을 만들었다. 야놀자닷컴은 스마트폰 태동기와 맞물리면서 스마트폰 어플리케이션(앱)으로 진화했고, 마침내 대박을 기록하면서 현재 야놀자의 기틀을 닦았다.

야놀자앱 성공으로 이 대표는 그동안 총 3,790억이라는 투자금을 유치했다. 이 돈으로 2016년 호텔 타임커머스 플랫폼 '호텔나우'를, 2019년 호텔예약 플랫폼 '데일리호텔' 등을 인수하며 몸집을 키웠다.

조직이 비대해지자 관리의 필요성이 대두됐다. 이 대표는 부서를 각 분야별로 나눈 다음 외부 전문가를 영입했다. 글로벌 사업과 서비스 고도화를 위해 글로벌 컨설팅 회사 맥킨지 출신의 김종윤 당시 부대표(현 부문 대표)도 영입했다.

2019년 연결 매출 3,000억원을 달성한 야놀자는 코로나19(신종 코로나바이러스 감염증)로 여행업계가 극도의 부진에 빠진 지난해 도리어 실적이 늘었다. 야놀자의 지난해 매출액은 1,920억원으로, 전년보다 43% 증가했다. 영업이익도 2019년 62억원 손실에서 지난해 161억원 흑자 전환했다.

정의와 공정

숙박 회사 아닌 종합 여가 IT 기업으로 재도약

지난 15일 손 회장이 이끄는 비전펀드가 야놀자에 2조원을 투자하겠다는 소식이 전해졌다. 이 대표가 다음 카페 모텔이야기를 만든지 20여년 만이다. 손 회장이 국내 기업에 투자한 건 쿠팡에 이어 이번이 두 번째다. 업계에서는 이번 투자 유치로 야놀자가 '유니콘'(기업가치 1조원 이상)을 넘어 '데카콘'으로 인정받았다고 보고 있다.

손 회장이 야놀자에 투자했다는 소식이 전해졌을 때 의외라는 반응이 대다수였다. 정보통신(IT) 기업 외에는 투자하지 않는다는 손 회장의 철학이 깨진 것 아니냐는 추측들이 쏟아졌다. 업계에서는 손 회장이 야놀자를 숙박 회사가 아닌 IT 기업으로 본 것으로 해석하고 있다.

실제로 야놀자는 '테크 올인' 비전을 추진하며 기술 개발에 전력투구하고 있다. 하반기에 300명 이상의 연구개발(R&D) 인력 채용을 계획 중이다. 단기적으로 R&D 인력을 1,000명까지 늘리고 중장기적으로 전체 임직원의 70% 이상을 R&D 인재들로 구성한다는 방침이다.

야놀자는 "여행 관련 모든 예약을 한꺼번에 해결할 수 있는 '슈퍼앱' 위상을 국내 1위에서 세계 1위로 확대할 수 있는 기회"라며 "연간 3,000조원 규모의 글로벌 시장을 선도하기 위한 발판으로 삼겠다"고 포부를 밝혔다.

야놀자는 미국 증시 상장을 위한 절차도 본격화할 전망이다. 지난해 10월 기업공개(IPO) 추진을 공식화했고 이르면 2023년 미국 직상장을 추진하고 있다. 이 같은 소식이 전해지자 손 회장에게 투자를 받은 김범석 쿠팡 창업자와 이 대표가 자연스레 비교가 되는 상황. 하지만 업계에서는 대기업 주재원이었던 아버지를 따라 미국에서 명문사립학교를 다니고 하버드대를 졸업한 '금수저' 김 대표와 산전수전 다 겪은 '흙수저' 이 대표가 비교 대상이 아니라고 입을 모은다. 출발 지점부터 달랐다는 것.

모텔에 대한 부정적 인식을 깨고 음지에 있던 숙박 정보를 양지로 이끌어냈다는 평가를 받는 야놀자가 글로벌 IT 기업으로서 어떤 행보를 보여줄지 업계가 주목하고 있다.

정의와 공정

6

식당 서빙하던 고졸 청년,
LG 신입사원 되기 위해 한 노력

조선일보 진은혜 더비비드 기자 2021.09.12.

[2030 취업 분투기] 진로 고민하다 한국폴리텍대학에서 기술 배우고 대기업 취업

코로나 사태로 실물 경제가 큰 충격을 받고 있습니다. 그 어느 해보다 힘든 고용상황이 이어지고 있는데요. 어려움 속에도 희망은 있습니다. 취업난을 극복하고 있는 청년들을 통해 희망을 전하는 '2030 취업 분투기'를 연재합니다.

"공부 머리가 없다고 생각했는데, 공부가 재미있게 느껴지는 순간이 찾아왔습니다. 아침 8시에 학교에 가서 하루 10시간씩 공부했어요. 치열하게 살았죠."

대기업 신입 사원 송해광(24)씨는 어린 나이에 많은 우여곡절을 겪었다. 어릴 적 그는 홀어머니에게 맛있는 음식을 해주는 것을 낙으로 삼았다. 요리에 재미를 느껴 특성화고 조리학과에 진학했지만 꿈을 펼칠 기회가 없어 이내 좌절했다.

진로 고민에 빠진 그는 한국폴리텍대학 광주캠퍼스에서 길을 찾았다. 1년 반의 치열한 노력 끝에 지난 6월 LG 디스플레이에 취업했다. 송씨에게 간절히 원하는 것을 이루는 과정에 대해 들었다.

20살 청년이 도피성 입대 택한 이유

전라남도 완도에서 태어나 한부모 가정에서 자랐다. "외아들이라 어머니와 각별합니다. 어릴 적부터 어머니를 기쁘게 해드리는 게 가장 큰 행복이었어요. 계란말이 같은 간단한 음식만 해드려도 너무 좋아하셨죠. 그렇게 요리에 재미를 붙여서 여수정보과학고등학교 조리과에 들어갔어요. 요리 대회도 나가고 한식조리기능사 자격증도 취득하며 학창시절을 알차게 보냈습니다."

고등학교 3학년이었던 2016년 전라남도 광양에 있는 한 호텔에 취업했다. "주방일을 하고 싶었는데 홀서빙을 하게 됐어요. 급여도 적은데다 적성에 맞지 않아 자괴감이 몰려왔죠. 저를 함부로 대하는 손님도 많았어요. 어린 나이에 욱해서 손님에게 말대답했다가 크게 혼난 적도 있었죠. '나는 주방에서 요리하고 있어야 하는데.' 당시 제 모습이 너무 초라한 것 같아 서글펐어요. 1년 7개월간 근무하다가 2017년 9월 공군에 입대했습니다."

도피성으로 간 군대에서 인생 설계에 돌입했다. "주어진 자기계발

정의와 공정

시간을 십분 활용했어요. 일단은 손에 잡히는 대로 공부를 했어요. 한국사, 컴퓨터활용능력 자격증도 취득하고 책도 읽었죠. 어떻게 살아야 하나 고민도 많이 했는데 다시 수능 공부할 엄두는 안 나서 전문대에 진학해야겠다 마음먹었죠. 할머니 집 근처에 있는 한국폴리텍대 광주캠퍼스도 후보 중 하나였고요."

지인의 취업 성공 소식에 폴리텍대 도전

폴리텍대에서 실습 중인 송해광씨. 본인 제공

2019년 8월 전역하고 과거 일했던 호텔에서 용돈벌이 겸 아르바이트를 시작했다. 곧 전기가 찾아왔다. "함께 일했던 2살 위 형이 한국폴리텍대를 졸업하고 현대제철에 입사했다는 소식을 들었어요. 폴리텍대 진학이 선택지에 있었던 터라 호기심이 동했어요. '이렇게 잘 될 수도 있구나, 나도 도전해야겠다' 결심이 섰죠."

지난해 3월 한국폴리텍대 광주캠퍼스의 자동화시스템과에 2년제 학위과정으로 입학했다. 김준영 교수와는 지도교수와 제자 사이로 만났다. "자동화시스템과는 알고리즘을 짜서 로봇이나 기계를 작동하는 법을 배우는 학과입니다. 전기와 기계를 융합한 학문이죠. 동기들 대부분이 저처럼 기술을 전문적으로 배우기 위해 이곳에 왔더군요. 군대에서 부사관으로 5년 복무하고 정수기 설치기사로 일하다가 입학한 형도 있었어요."

한계점에서 만난 구원의 손길

조리학과 출신에게 '전기 저항' 같은 개념은 생소하고 어려웠다. 공업 고등학교 출신인 동기들은 나날이 성장하는데 자신만 정체된 것 같아 초조함이 밀려왔다. "자동화시스템과의 특성상 전기 · 전자 · 기계 · 로봇 등 여러 분야를 배워야 합니다. 수학도 못하고 공부머리도 없는 제가 당장 소화하기에 버거운 주제들이었어요. 코로나19 때문에 1학년 수업이 비대면으로 진행됐던 터라 상황이 더욱 좋지 않았어요. '아 내 길이 아닌가', '나는 아닌가 보다' 자괴감에 빠지기도 했어요."

위기의 순간 김 교수가 구원투수로 나섰다. "교수님이 밥과 술을 사주시면서 '너는 젊기도 하고, 어떻게 해도 될 사람'이라고 위로해줬어요. 누구에게나 해줄 수 있는 말인데 그 당시에는 정말 큰 힘이 됐죠. 교수님은 물심양면으로 지원해 주셨어요. 학교 러닝팩토리(기계부품의 설계, 가공, 시제품 제작까지 가능한 융합실습공간)에 저를 데려가서 기계 사용법을 한 번 더 보여주시고 직접 다루게도 하셨어요. 이해 못 하는 원리는 이해할 때까지 설명해 주셨죠. 서울에 있는 교수님의 모교에 함께 놀러 간 적도 있어요. 김 교수님 덕분에 학교생활이 즐거워졌어요."

다시 학교에 마음을 붙이고 학업에 열중했다. "공부가 재미있게 느껴졌습니다. 전력선을 이용해서 음성과 문자데이터, 영상 등을 전송하는 PLC(전력선 통신), 철을 직접 깎아서 금형을 만드는 실습 등을 하고 2학년 1학기 때는 팀 프로젝트를 했어요. 9명이 팀원이 3개월간 학교 창의융합기술센터(러닝팩토리)에 모여 코로나 자동 소독기를 만들었죠. 부품 하나하나를 직접 제작해보니 실력이 부쩍 늘어나는 것을 느꼈습니다. 스퍼트를 올려서 기계정비산업기사, 산업안전산업기사 자격증도 취득했어요."

모든 취업 과정 함께한 아버지 같은 교수

기계를 직접 다루고 정비하는 엔지니어가 돼야겠다고 경로를 설정했을 무렵 학과장실을 통해 LG 디스플레이가 구인 중이라는 소식을 접했다. "마음 맞는 친구들끼리 지원을 준비하기로 했어요. 그런데 취업 준비라는 걸 해본 적이 없어서 막막하더라고요. 김준영 교수님이 언제까지 자기소개서를 써오라고 하셔서 써냈더니 '이대로면 너네 다 떨어진다'는 청천벽력 같은 소리를 하시더라고요. 그리고 자기소개서에 들어가야 하는 내용을 하나하나 짚어주셨어요. 읽는 재미가 있어야 한다고 강조하시면서요."

김 교수는 모든 순간을 송씨와 함께했다. "서류 합격 발표 날 교수님과 냉면을 먹고 있었어요. 합격 소식을 알리니 면접과 인성검사 준비를 하자고 하시더라고요. 김 교수님을 포함한 교수님 세 분과 학생 세 명이 모의 면접을 연습했어요. 실전도 아닌데 너무 떨려서 땀을 뚝뚝 흘렸었죠. 김 교수님이 밤 12시에 사택에 불러서 자세부터 목소리 톤까지 체크하고 면접 복장에 대한 팁을 주신 적도 있어요. 어떤 구두를 신어야 하고, 넥타이는 기업 로고 색깔에 맞추는 게 좋다 등 면접의 모든 과정을 챙겨 주셨죠."

만반의 준비를 한 덕에 무사히 면접 문턱을 넘었다. 지난 6월 중순, LG디스플레이 오퍼레이터로 최종 합격했다. "합격 전날 너무 긴장돼서 밤을 꼬박 새웠어요. 합격 발표를 받은 후 친구들에게는 무심한 척했지만 심장이 미친 듯 쿵쾅거렸죠. 어머니와 외가댁 가족들 모두 자기 일처럼 기뻐하고 자랑스러워하셨어요. 지금은 경기도 파주에서 수습 기간을 보내고 있습니다. 고향에 있는 가족이 보고싶지만 같이 올라온 친구, 동생들과 의지하며 잘 적응하고 있습니다."

힘닿는 데까지 하면 꿈은 현실이 된다

절박한 상황일수록 최선을 다해야 한다. "원하는 게 있다면 모든 수단을 총동원했으면 합니다. 자존심이 강하거나 내향적인 사람이라도 도움 줄 만한 사람에게 도움을 청하고, 부족한 점을 채웠으면 해요. 저 역시 전공 지식, 취업 정보뿐만 아니라 정장 입는 법조차 몰랐어요. 지도 교수님과 동기 형들의 도움이 아니었다면 여기까지 못 왔을 거예요."

받은 것보다 더 큰 사랑을 베풀며 살아가는 게 목표다. "어릴 적 아버지가 안 계셔서 겪어야 했던 불편함이 컸어요. 전구 하나 교체하는 것조차 큰 공사였죠. 현재 근무하는 곳에서 최선을 다하다가, 은퇴 후에는 공업사를 운영하며 저와 비슷한 환경에 놓인 아이들을 돕고 싶어요. 전구를 갈고, 문을 교체해주는 사소한 일이라도 그 아이들의 일

정의와 공정

상에 도움이 된다면 의미 있는 일이지 않을까요. 가족을 비롯한 주변 사람들에게 좋은 사람으로 남고 싶어요."

7

"'국가 면허' 하나로
미국 영주권 준비해요"

한겨레 김지윤 기자 2021.06.06.

원광보건대 치기공과

원광보건대 제공

20대인 최민정, 진소연씨는 현재 미국 버지니아주의 '아트 덴탈 랩' (Art Dental lab)에서 일하고 있다.

1년 동안의 인턴 과정을 마친 뒤 현지 회사의 지원으로 영주권 취득도 준비하고 있다. 신분이 확실히 보장된 뒤부터 이들은 일에 더욱 몰입하며 미국에서의 '장밋빛 미래'를 그리고 있다. 학교에서 진행한 청해진(청년 해외 진출) 프로그램 덕분이라고 입을 모은다.

두 학생은 원광보건대학교 치기공과에 입학한 첫해부터 학교의 해외 취업 채널을 통해 어학은 물론 치아와 관련된 이론과 실습 교육을 받았다. '국가가 보증하는 확실한 기술 하나면 평생 먹고사는 데 문제가 없다'는 생각으로 이 대학, 이 학과에 들어왔는데 정말 자신들이 꿈꾼 대로 이뤄지고 있어 신기하다고도 전했다.

대학 관계자는 "현재 12명의 연수생이 대사관 인터뷰 진행 뒤 출국 예정이다. 2019년 졸업생 2명, 2020년 졸업생 6명은 인턴 과정을 마치고 미국 유수의 산업체로부터 실력을 인정받아 모두 취업한 뒤 영주권 취득 진행 중"이라고 말했다.

재학 중은 물론 졸업 뒤에도 꾸준히 해외 취업 지원을 하고 있는 원광보건대는 전라북도 지역에서 유일하게 치기공과가 개설된 전문대학이다.

해외 치과기공 양성과정반을 지속적으로 운영하며 미국과 캐나다, 영국, 두바이 등에 취업할 수 있도록 적극 지원하고 있다. 학교 차원에서 영어 및 직무 관련 자체 프로그램을 개발해 교육하고 해외 치과기공소, 코트라(KOTRA), 각국 한인회 등과 교류하며 저학년 때부터 국가별 특성화 교육을 통해 장기 취업으로 이어질 수 있도록 한다.

해외 취업 외에도 진로는 다양하다. 한국보건의료인국가시험원에서 주관하는 면허증을 취득한 뒤 국내 취업을 하거나 일과 학습을 병행할 수 있는 야간과정 내 전공 심화 과정을 이수해 학사학위 취득은 물론 대학원 진학 기회가 열려 있다.

원광보건대는 보건 · 의료 특성화 대학으로 1976년 개교 이래 치과

기공사 국가고시에서 좋은 성적을 내왔다. 전북 지역에는 110여곳의 치과기공소가 등록돼 있고, 대부분의 업체가 원광보건대 치기공과와 '가족회사'로 협약을 맺고 있어 이론과 실기 교육을 충실히 받은 뒤 졸업하게 된다.

2020년 대학정보공시에 발표된 취업률은 70.1%, 국가고시 합격률은 89.47%를 기록하고 최근 3년간 국가고시 합격률은 전체 응시자 평균보다 약 10.51% 높은 합격률을 유지하고 있다.

케이무브(K-MOVE) 스쿨 과정 등을 운영하며 해외 취업을 위한 연수생을 선발하고 세라믹, 캐드캠, 덴처 부문 등에서 해외 진출 경험이 있는 강사진이 정규 학부수업 이외에 700시간 이상의 강도 높은 교육을 실시하고 있다.

예비자 과정으로는 1, 2학년 재학생 가운데 희망자에 한해 동계, 하계 방학기간 동안 2~4주간 기숙형 영어 집중교육을 실시한다. 필리핀 세부에 있는 원광글로벌교육센터와 연계해 어학 연수 프로그램도 진행한다. 학생들의 어학 능력을 빠르게 키워주기 위해서다. 해외 취업을 목표로 한 학생들에게 맞춤형 교육을 제공하는 만큼 이 대학 안에서도 인기가 좋다. 전문대학 글로벌 현장학습 사업인 '글로벌 현장실습' '해외인턴십' 등을 지원해 직무 이해도를 높이는 동시에 '글로벌 마인드'를 키워줘 재학생들의 만족도가 높다.

8

보육원 버려졌던 아이,
보육원 '희망 쌤'으로

동아일보 최예나 기자 2021.05.15.

15일 제40회 스승의날
이성남 교사 옥조근정훈장 받아… '고아' 편견 싫어 피나는 노력
보육원 찾아 심리─공부─인생 상담… 스승의날 3,133명 훈장─표창

이성남 경북 김천시 어모중 교사가 운동장에서 학생들과 체육수업을 하고 있다. 이성남 교사 제공

1981년 네 살 아이는 동생과 함께 경북 김천의 한 보육원 앞에 버려졌다. 몇 년 후 초등학교에 입학했다. 선생님이 물었다. "혹시 우리 반에 보육원 사는 학생 있나요?"

새 학년 시작 때마다 같은 질문이 반복되면서, 아이는 자신의 처지를 깨달았다. 하지만 무시당하기는 싫었다. 더 인정받기 위해 이를 악물었다. 보육원 동생들에게 희망이 되고 싶었다. 그렇게 노력한 끝에 스물다섯 살이 된 2002년 보육원 생활을 마치고 체육선생님이 됐다.

이야기의 주인공은 14일 열린 '제40회 스승의날 기념식'에서 옥조근 정훈장을 받은 이성남 김천 어모중 교사(44)다. 그는 교단에 서게 된 뒤 무엇보다 학생들이 재미있게 수업 받기를 희망했다. 야구를 응용한 새로운 스포츠 종목인 '투투볼'을 개발한 이유다. 그 덕분에 이 교사는 2017년 '한국체육대상 교육부 장관상'을 수상했다.

지난해 이 교사는 한국고아사랑협회 회장을 맡아 자신과 같은 처지의 '보호종료아동'을 돕고 있다. 또 '나는 행복한 고아입니다'라는 책도 펴냈다. 지금도 자신이 살았던 보육원 등을 정기적으로 방문해 아이들과 상담한다. 그는 "보육원에서 나가면 통장을 어떻게 개설하고, 집은 어찌 구할지 알려주고 공부나 심리 상담도 해준다"며 "내가 거기서 성장했으니까 말해줄 수 있는 것"이라고 말했다. 이 교사는 "열심히 노력한 만큼 좋은 사람들이 많이 도와줬다"며 "덕분에 절망을 희망으로 바꿀 수 있었다"고 밝혔다.

스승의날(15일)을 기념해 이 교사 등 17명이 근정훈장을, 16명이 근정포장을 받는 등 우수 교원 3,133명에게 포상과 표창이 수여됐다. 기념식이 열린 충남 논산 강경고는 스승의날이 유래한 곳이다. 1958년 이 학교 청소년적십자단(JRC) 단장 노창실 씨(81·여)와 단원들이 아픈 선생님이나 퇴직한 은사를 찾아뵌 활동이 시초다. 이날 행사에 참석한 노 씨는 "어려운 시절이었는데 선생님들이 돈 없는 학생의 수

정의와 공정

업료를 대신 내주고, 아픈 학생에게 죽을 쒀주는 등 정말 많은 사랑을 주셨다"며 "선생님의 말씀 한마디는 학생들에게 꿈과 희망이었다"고 말했다.

병이 내 마음까지 파고든 건 아니야

한겨레 문병하 목사(양주덕정감리교회) 2021.01.26.

사진 픽사베이

　어느 유명한 대학에 목발을 짚고 다니는 학생이 있었다. 그 학생은 아주 쾌활하며 동시에 낙관적이었다. 뿐만 아니라 공부도 잘해 많은 상을 타기도 했고, 동료 친구들로부터 존경을 받기까지 하였다. 그런데 어느 날 한 친구가 어떻게 해서 그러한 불구의 몸이 되었느냐고 물었다. 그는 웃으며 대답했다. "어려서 앓은 소아마비 때문에 그렇게 되었어." 친구는 조심스럽게 물었다. "그러면 자신감 있는 네 행동의 비밀을 말해줄 수 있겠니?" 그는 밝게 웃으며 대답했다. "별것 아니라구. 병이 내 마음까지 파고든 것은 아니었기 때문이지."

몸의 병이 문제가 아니라 마음의 병이 더 큰 문제입니다. 세상만사는 마음가짐에 따라 달라집니다. 유대인들은 자녀교육을 할 때 긍정적인 사고와 비전을 강조합니다. 그들은 성경에 등장하는 다윗 소년과 거인 골리앗의 싸움을 종종 인용합니다. "이스라엘 사람들은 골리앗을 물리치기에는 너무 큰 사람이라고 생각했다. 그들은 두려움에 떨며 감히 저항하지 못했다. 그러나 다윗은 돌팔매가 빗나가기에는 골리앗의 몸집이 너무 크다고 생각하며 물맷돌을 들었다."

의식의 출발점을 어떻게 잡느냐에 따라 전혀 다른 결과가 나타납니다. 부정적인 사람은 매사에 할 수 없다고 하고, 비판합니다. 그런데 이런 부정적인 사람의 영향을 받으면 같이 부정적으로 됩니다. 찰스 알렌(Charles Allen) 목사가 성공자들을 연구해 본 결과 다섯 가지 공통점을 가지고 있다고 했습니다. (1)다른 사람에게 관심을 갖는 것 (2)다른 사람을 비평하지 않는 것 (3)이득을 얻겠다는 생각을 버리는 것 (4)다른 사람의 장점을 보고 배우는 것 (5)대인 관계의 화평을 이루는 것이라고 했습니다.

지그지글러(Jigjigler) 박사는 100명의 백만장자들을 조사해 보니 공통점 두 가지가 있다고 했습니다. 첫째는 70%가 가난한 시골 출신이고, 둘째는 타인의 장점을 보는 눈을 가졌고 칭찬하기를 좋아하는 사람들이라는 것입니다. 세상에 단점만 있는 사람도 없고 장점만 있는 사람도 없습니다. 장단점은 누구에게나 있습니다. 무엇을 보느냐가 중요합니다. 함께하는 사람들끼리 서로 칭찬해 주고 위로해 주십시오. 부부간에도 "여보 참 수고했소", "당신 때문에 내가 있소", 아이들에게도 "너는 참으로 훌륭한 사람이 될 거야"하고 하루에 한 번만 해보십시오. 가정의 삶의 질이 바뀔 것입니다. 부부도 닮아 갑니다. 그래서 부부 중에 한 사람이라도 긍정적인 사람이 되어야 합니다. 그런데 부부간의 관계에서는 긍정과 부정이 대립되는 경우가 많습니다. 그 경우에 긍정이 부정을 이기는 가정이 행복한 가정이 됩니다.

정의와 공정

10

산에서 조난 뒤 '눈(雪) 동굴' 만들어
생존한 캐나다 10대

서울신문 송현서 기자 2021.01.20.

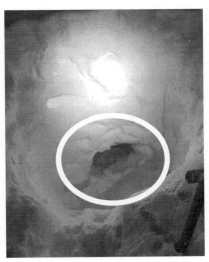

눈 덮인 산에서 조난당한 캐나다 10대 소년
이 생존을 위해 직접 만든 눈 동굴의 입구

스노우 모빌(눈이나 얼음 위를 쉽게 달릴 수 있게 만든 차량)을 타고 나갔다가 길을 잃은 10대 소년이 기지를 발휘한 덕분에 무사히 위기에서 벗어났다.

CNN 등 해외 언론의 18일 보도에 따르면 캐나다 브리티시 컬럼비아에 사는 17세 소년은 현지 시간으로 지난 16일 오후, 친구 및 가족들과 스노우 모빌을 즐기러 나갔다가 실종됐다.

당시 함께 나갔던 사람들은 모두 출발지로 돌아왔지만, 2시간이 지나도 소년은 돌아오지 않았고 결국 가족들은 구조대에 도움을 요청했다.

하룻밤이 지난 다음 날 구조대가 소년을 발견했을 때, 소년은 체온 보호를 위해 눈으로 동굴을 짓고 그 안에 대피해 있는 상태였다. 마치 이글루처럼 생긴 눈 동굴은 구조대가 올 때까지 잠시나마 체온을 유지하고 추운 바람을 피하는데 결정적인 역할을 했다.

현지 구조대는 "조난당한 소년은 일행이 보이지 않게 되고 무언가 잘못됐다는 것을 깨달았을 때, 그가 할 수 있는 모든 것을 다 시도한 것으로 보인다"면서 "몇 차례나 조난 지역을 벗어나려 했지만 실패했고, 결국 주변에 있는 나무 아래에 눈 동굴을 짓고 그 안에서 밤새 구조대를 기다렸다"고 전했다.

이어 "구조대가 발견했을 당시, 소년이 대피했던 눈 동굴 안에는 아껴 마시던 물과 음식도 있었다"면서 "이는 소년이 오지나 극한의 환경에서 어떻게 생존해야 하는지를 잘 알고 있었다는 것을 의미한다"고 덧붙였다.

구조대에 의해 병원으로 옮겨진 소년은 건강에 큰 이상이 없는 것으로 알려졌다.

정의와 공정

11

15세 소녀는 다친 아버지 자전거에 태우고 1,200km를 달렸다

조선일보 김동하 기자 2020.05.25.

인도 소녀, 필사의 '코로나 귀향'

아버지 실직하자 남은 돈 털어 자전거 구입

가진 건 물 한 병뿐… 일주일 달려 고향 도착

이방카 "인내와 사랑의 아름다운 업적" 찬사

인도 사이클연맹 "연습생 입단 테스트 원해"

이방카 트럼프가 "인내와 사랑의 아름다운 업적"이라고 15세 소녀를 칭찬했다. 이방카 트럼프 트위터

인도의 15세 소녀가 코로나 사태로 대중교통이 끊긴 상황에서 다리를 다친 아버지를 자전거에 태우고 1,200㎞ 떨어진 고향으로 돌아왔다. 도널드 트럼프 미국 대통령의 딸 이방카 트럼프는 "인내와 사랑의 아름다운 업적"이라

고 칭찬했고, 인도 사이클연맹은 "입단 테스트를 받아보자"며 관심을
표명했다.

25일 AP통신 등에 따르면 수도 뉴델리 외곽 구르가온에 살던 조티
쿠마리(15)는 서민 교통수단인 오토릭샤(삼륜 택시)를 몰던 아버지가 코
로나 여파로 실직하자 어머니가 있는 비하르주 다르방가로 귀향을 결
심했다. 쿠마리는 "다른 선택의 여지가 없었다. 집세를 못 내니 집주
인이 나가라고 했다"며 "그대로 있었으면 아버지와 나는 굶어 죽었을
것"이라고 말했다.

쿠마리의 아버지는 교통사고로 왼쪽 다리를 쓸 수 없는 상태였다.
게다가 인도 정부가 코로나 확산 차단을 위해 지난 3월 말 국가 봉쇄
령을 발령하면서 대중교통까지 끊긴 상황이었다. 귀향을 원하는 이주
노동자를 위한 특별 열차가 있었지만, 쿠마리는 열차표도 구하기 힘
들었다.

쿠마리는 수중에 있는 돈 2,000루피(3만 3,000원)를 털어 중고 자전
거를 샀다. 지난 10일 아버지를 뒤에 태우고 고향으로 출발했다. 가진
것은 물 한 병뿐이었다. 일주일간 자전거로 귀향하면서 단 한 차례만
트럭을 얻어탈 수 있었고, 낯선 사람들에게 물과 음식을 얻어먹었다.
쿠마리는 빌린 휴대폰으로 어머니에게 전화를 걸어 "걱정하지마, 아
빠를 집으로 데려갈게"라며 안심시키기도 했다. 마침내 쿠마리와 아
버지는 일주일의 여정 끝에 16일 고향에 도착할 수 있었다.

쿠마리는 "힘든 여정이었다"며 "내 목표는 단 한 가지, 집으로 돌아오는 것이었다"고 AP통신과 인터뷰에서 말했다. 쿠마리의 아버지 모한 파스완은 "고향에 정말 돌아올 수 있을 줄 몰랐다"며 "내 딸은 절대 포기하지 않았다. 용기가 있는 딸이 자랑스럽다"고 했다.

쿠마리의 '인간 승리'는 국제적으로 주목을 받았다. 이방카 트럼프는 지난 22일 트위터에 "인내와 사랑의 아름다운 업적은 인도 사람들과 사이클연맹을 사로잡았다"며 쿠마리 관련 기사를 올렸다.

인도 사이클연맹은 "쿠마리는 (사이클 선수를 할) 힘과 체력을 가지고 있을 것"이라며 국립 사이클 아카데미 연습생 입단 테스트를 하고 싶다고 나섰다. 다르방가 지방 정부는 쿠마리를 현지 학교 9학년에 입학시키고 새로운 자전거와 교복, 신발을 선물했다.

정의와 공정

초판 1쇄 인쇄 2021년 12월 02일
초판 1쇄 발행 2021년 12월 09일
지은이 허대조·김 명·민병철·주영재
엮음 더 반듯하게회

펴낸이 김양수
책임편집 이정은
편집디자인 권수정
교정교열 이봄이

펴낸곳 도서출판 맑은샘
출판등록 제2012-000035
주소 경기도 고양시 일산서구 중앙로 1456(주엽동) 서현프라자 604호
전화 031) 906-5006
팩스 031) 906-5079
홈페이지 www.booksam.kr
블로그 http://blog.naver.com/okbook1234
포스트 http://naver.me/GOjsbqes
이메일 okbook1234@naver.com
ISBN 979-11-5778-512-4 (43190)